スポーツ社会学研究　第26巻第1号（2018）

目　次

特集：サッカーワールドカップをめぐって

特集のねらい　　　　　　　　　　　　　　　　　　　　　　　　　　有元　健......3

特別座談会：選手から見たワールドカップ　　対話者：清水　諭，山本敦久，有元　健......5
　―川口能活氏との対話―

ワールドカップ　―フランス代表を通して考える二十年―　　　　　陣野　俊史......15

韓国におけるサッカーとナショナリズムの変容　　　　　　　　　　呉　炫錫......29
　―W杯・代表・セレブリティ―

論文

主体的なスポーツ組織論の理論構成とその意義　　　　　　　　　　笠野　英弘......43
　―行為者の主体性との関連から―

スポーツにおける「負け」の語られ方　　　　　　　　　　　　　　宮澤　武......59
　―読売新聞を事例とした新聞メディアによる「日本人」らしさの再生産―

書評

海外文献紹介「スポーツ研究の国際動向把握に向けた基礎的検討」の報告（2）
　―IRSS掲載論文のタイトル一覧―　　　　　　　　　　　　　　青野　桃子......75

会員の研究業績...91

編集後記...93

Japan Journal of Sport Sociology (Vol.26 No.1, 2018)

Contents

Special Issues: FIFA World Cup

Introduction ARIMOTO Takeshi ... 3

Special Dialogue: World Cup from the Point of View of Players: ... 5
  Dialogue with Mr. Yoshikatsu KAWAGUCHI

Considering World Cup: JINNO Toshifumi ... 15
  Tracing 20 Years of France National Football Team

Transformation of Korean Soccer and Nationalism OH HyunSuk ... 29
  —World Cup, National Team, Celebrity—

Articles

Theoretical Framework of a Theory of Sport Organizations as Subjects KASANO Hidehiro ... 43
  and Its Significance: Subjecthood of Sport Participants

How to Describe "Defeat" in Sports: MIYAZAWA Takeshi ... 59
  Reproduction of "Japaneseness" through Yomiuri Shimbun Newspaper Articles

Book Reviews

A Report of a Basic Review of International Academic Journals AONO Momoko ... 75
  on Sport Studies (2): Title Lists of Articles in IRSS

Research Activities of Members ... 91

Editor's note ... 93

特集：サッカーワールドカップをめぐって
特集のねらい

編集委員会

サッカーが変わり、W杯も変わる。

2014年3月22日、カーディフ・シティ・スタジアム。世界の一流選手が集うイングリッシュ・プレミアリーグのピッチ上に青い風船がいくつも漂っている。選手たちはそれを無視するか、時に踏みつぶしながら、しかしプレーは何事もないかのように続いている。リーグ残留争いをしていたカーディフ・シティがホームに強豪リヴァプールを迎えた試合での出来事だ。カーディフのホームユニフォームは赤。しかしスタンドに集うファンの多くは青色のシャツに身を包み、「我々はいつもブルーだ」というチャントを歌う。テレビカメラは2010年にクラブを買収した中国系マレーシア人ヴィンセント・タン会長を映し出す（彼は赤色のレプリカユニフォームを着ている）。1899年に創立されたカーディフ・シティの愛称は「ブルーバーズ」で、チームカラーは青だったが、2012年タン会長の意向によりチームカラーが赤に変更された。ファンはそれに抗議するためにホームスタジアムで青色のシャツを着て、青い風船を飛ばしたというわけだ。結局2015年シーズンからシャツの色は青に戻るのだが、この出来事はサッカーをめぐる地政学が根本的に変わりつつあることを示唆するものだった。

1990年代以降のサッカー界は、イングリッシュ・プレミアリーグの創設やヨーロッパ・チャンピオンズリーグの再編、そしてボスマン判決などによって、選手やチームスタッフ、そして資本の国境を越えた流動性が飛躍的に高まった。さらに中国スーパーリーグやカタール・スターズリーグの台頭によってその傾向に拍車がかかる。そして2010年代になりイタリアのインテルやACミランを筆頭に、ヨーロッパの主要リーグに所属するクラブの中国資本による買収が頻発する。2014年、中国政府は規制緩和によって中国企業に外国のスポーツチームへの投資を促し、長期的な中国サッカーの強化計画を打ち出した。そして国家戦略としてスポーツ市場を2025年までに5兆元（約83兆円）の規模に発展させる目標を明らかにしたが、サッカーはそのうちの半分ほどを占めるのだという[1]。また、ロシアW杯が開催される今年2018年のFIFAのテレビ放映権収入は24億3700万ドルとされるが、中国が本大会で支払う放映権料はおよそ300億円（約2億8000万ドル）だという[2]。中国に加えタイやカタール、UAEといった国々の資本がヨーロッパのサッカーに投資されている現在、アジア諸国はサッカーというスポーツの有力なエージェントに数えられるようになった。こうした状況はW杯をのみ込んでいく。2022年大会がカタールで開催されるだけでなく、2026年大会から本大会参加国数が48に拡大され、そのうちの8枠（現在の4.5枠から大幅に拡大される）をアジアが占めることになる。これらはグローバルなサッカー市場におけるアジアの重要性を物語るものであり、W杯もこうした背景ぬきに語ることはできない。

だがW杯をめぐるこうしたグローバルな再編が生じつつある一方で、国家代表がプレーする場である以上、W杯は国民感情を呼び起こすスポーツスペクタクルでもあり続けている。つまり、W杯という舞台の諸条件はますますグローバルな力によって設定されるにもかかわらず、プレーする選手、そして視聴する私たちはそこに何らかのナショナルな感情や社会的・歴史的諸条件を反映させていくのである。本特集は、サッカーをめぐる諸条件がこのように変容しながらますます複雑化していく現代におい

て、W杯をどのような社会的・文化的イベントとして考えることができるのかをあらためて問うものである。

本特集ではまず、日本代表として4度W杯に出場した川口能活氏をお招きし、特別座談会として清水諭会員、山本敦久会員、そして編集委員から有元がお話を伺った。代表選手の立場からW杯というイベントをどのように経験したのか、またそれは歴史の中でどのように変わりつつあるのか、メディアや大衆の期待とどのように向き合ってきたのかなど、社会学的にも非常に貴重な証言をいただくことができた。川口氏の言葉からは選手の体感として、W杯でプレーするという経験が変容しつつあることがわかる。すなわち、W杯というスポーツイベントの意味が、実際にプレーする選手にとっても変わりつつあるのである。

次に批評家でありフランス文学者であり、さらに一流のサッカー文化論者である陣野俊史氏にフランス代表という視点からW杯を論じていただいた。もちろん国家代表チームは優れたプレーヤーの選抜チームであるわけだが、同時にそれはその国家が孕む社会的問題をも代表／表象するグループとなりうる。1998年大会ではその優勝を通じて社会的統合の雰囲気が生み出された一方、2000年代の代表チームはまさにフランス社会内部に存在する階級的分断を露呈するものとなった。そして2014年、あと一歩のところで旧植民地であるアルジェリアとの試合が実現するところであった。W杯はフランス国内の文化的・人種的・階級的分断と統合、そして今なお続く植民地主義の遺産を可視化するものだったのである。

最後にソウル神学大学の呉炫錫氏には韓国におけるサッカーW杯とナショナリズムの関係の変容についてご寄稿いただいた。呉氏によると戦後の反共・反日ナショナリズムと結びついた韓国サッカーは、2000年代以降韓国社会の変化とともに別の形でナショナルな欲望と結びつき始めている。国家代表戦の勝利が国家イデオロギーに直接的に節合された時代は過ぎ去り、ヨーロッパのビッグクラブで活躍するセレブリティとしての同国選手を応援する行為の中に、ファンたちはナショナルな欲望の充足を感じ始めている。これは韓国社会における消費主義・個人主義の浸透とサッカーのグローバル化が結びついた結果であるという。

興味深いことに、この三者の語りと議論は様々な部分で共鳴している。読者の皆様には是非それを紐解いていただきたい。本特集が今後のサッカーW杯を考察する一つの手掛かりになることを願いつつ、最後に紙面の制約上、今回は女子W杯や様々なマイノリティのW杯について触れることができなかったことをお詫びしたい。あらためて今後そうしたテーマを本誌において扱うことができればと思う。

（有元健）

注1)「日本よりも先に、中国がサッカーW杯で優勝する（かも）」、ITmediaビジネスオンライン2016年6月13日．(http://www.itmedia.co.jp/business/articles/1606/30/news027.html) 2018年2月1日アクセス．

注2)「急伸中国スポーツ市場 2025年には100兆円も」、日本経済新聞電子版2015年7月18日．(https://www.nikkei.com/article/DGXMZO89384090W5A710C1000000/) 2018年2月1日アクセス．

■特集：サッカーワールドカップをめぐって

特別座談会　選手から見たワールドカップ
―川口能活氏との対話―

対話者　清水　諭（筑波大学）
　　　　山本敦久（成城大学）
　　　　有元　健（国際基督教大学）

山本：今回は『スポーツ社会学研究』でサッカーワールドカップを特集するということで、ワールドカップを選手として4回も経験している川口さんにお越しいただきました。今日は川口さんが、ピッチや現場からワールドカップをどのように見てきたのか、体験してきたのかということをお伺いできればなと思っているところです。よろしくお願いします。
川口：よろしくお願いします。

日本代表と韓国代表

清水：川口さんが初めて日本代表と名前のつくカテゴリーで出場されたのはいつぐらいですか？
川口：U-16、当時ジュニアユースっていうのがあって、そこからですね。それからU-19、ユース代表。その後U-23のオリンピック代表とA代表です。
清水：U-23のオリンピック代表になった時と、その前のU-19では何か違いがありましたか？
川口：そうですね、僕がU-16の日本代表で戦った時には一次予選も突破できないくらいのレベルだったんですね。その上のU-19ユース代表ではあと一歩でワールドユース出場というところまではいくようになっていたんです。そのU-19からU-23のオリンピック代表チームへと監督とコーチがそのまま繰り上がる形でしたから、違いはそれほどありませんでした。
清水：西野さん[1]がずっと。
川口：西野さんと山本さん[2]です。西野さんが監督で山本さんがコーチをされていたのが、そのままオリンピック代表にも繰り上がる形になりました。ただU-19代表のワールドユース予選ではあと一歩のところで韓国に負けました。その話をもっと深くしますと、一次予選ではソウルで韓国に勝ったんです。アウェーの地で韓国に勝つっていうのは本当に久しぶりだったそうです。その後最終予選の準決勝で再び当たったんですけど、そこで

川口能活氏プロフィール
1975年静岡県生まれのGK。横浜マリノス、ポーツマス（イングランド）、ノアシェラン（デンマーク）、ジュビロ磐田などで活躍。代表として国際Aマッチ116試合に出場。1998年フランス大会から4大会ワールドカップメンバーに選出された。現SC相模原所属。

負けてしまってワールドユースの出場が断たれたと。ある意味ではそこからオリンピック代表のチームがスタートしたんですよね。だから韓国との対戦が僕にとっては成長させてくれたきっかけになったし、特にU-19、それから、U-23オリンピック代表、ちょうどその世代というのがステップアップするキッカケになる世代だと。

清水：アジアを通過するというところではやはり韓国が川口さんの中では大きな壁に…。

川口：壁になりましたね。歴史的にも1986年メキシコワールドカップの予選で韓国に負けた姿を僕は小学生の時に見ていましたし、バルセロナオリンピックの予選でも韓国に阻まれたという現実を僕はテレビを通して見ていたんですけれども、いざ自分がワールドユースの予選を戦うにあたり、韓国と対戦して、一度は勝ったんですけど、また次の一番大事なところで阻まれたというのはやはり歴史の違いというか、韓国の底力を見せつけられたというか。日本が世界に行く扉を阻んできたのが韓国だったというのを経験してきて、その壁を超えないとやはり世界の大会には出られないんだなというのを感じた時期ではありましたね。

清水：川口さん自身、選手として対韓国というのは特別なものなんですか。

川口：僕が代表でプレーしていた最初の頃は特別でしたけど、韓国の選手がJリーグに来るようになったことがきっかけで、日本と韓国の選手たちの友好関係が深まったんじゃないかという気はします。日韓戦というのは昔はバトルというか火花が散るようなところがありましたけれども、韓国の選手がJリーグに来ることで、そういった関係よりもお互いレベルアップしていこうっていう。最初に来たのは広島でプレーされたジュンユンさん[3]です。あの方が日本と韓国の関係をすごく良く、「良く」というか、ライバルだけの関係からお互いレベルアップしていこうという関係に変えてくれたと思います。やっぱりJリーグに来たことでそういう変化が起こったと思いますね。

有元：1998年フランス大会の予選で、アウェーの韓国戦の時に、韓国のサポーターが「日本も一緒に行こう」と応援してくれましたよね。

川口：あ、そうですね、そうですね。

有元：あれは現場でどうでしたか。

川口：あれ、あの時期ワールドカップ予選を僕らは戦っていまして、ほぼ絶望的な状況が続いていたんですけれども、韓国はもう出場を決めていたんです。そういったところで韓国のサポーターの人たちの余裕があったこともありまして、日本と一緒に行こうっていう横断幕を掲げてくれたのを僕は実は後から知ったんです。ただ僕らはもう試合に集中していました。

代表とメディア

山本：サッカー日本代表が本格的な国民的注目を集めるようになるのはドーハの悲劇あたりからなんですけども、そのあたりはまだテレビで見られているわけですよね。

川口：はい。

山本：その後代表で活躍されるようになり、日本代表というものが世間の注目を集めていく中で、サポーターの雰囲気とか、社会の関心のあり方とか、日本代表への注目度みたいなものを川口さんはどのように感じていましたか。

川口：今でしたら自分が代表に選ばれていないので客観的に見れるんですが、選手ってその時は目の前の戦いに必死なんですよ。特にフランス大会の予選に関しては、それまでワールドカップを開催国として初出場した国はウルグアイしかなかったんです。ウルグアイが第1回の開催国で。それ以降開催国が初出場という国ってないんですよ。もしかしたら日本がそうなるんじゃないかっていうプレッシャーがあって。やっぱりこのフランス大会の予選というのはもう、胃がキリキリするくらいの、そういう戦いをしていたんですよ。だから何が何でも出ろっていう。

有元：その「何が何でも出ろ」というプレッシャーや雰囲気は、例えばチームスタッフや監督の圧力とか、日本サッカー協会の声とかそういったものから感じるのか、それとも新聞などのメディアなのでしょうか。

川口：やっぱりメディアですね。選手たちにとってもメディアは目に入りますし、それを見て、聞かされて、さらにそれがのしかかってくると。あとは特にフランス大会の予選について言いますと、僕らホームで4試合［ウズベキスタン、韓国、UAE、カザフスタン］戦っていく中で、国立競技場のサポーターの雰囲気が一喜一憂とか物凄いんですよ。勝てば歓喜だし、負けあるいは引き分けになると、特にUAEと引き分けた時が、ほぼ数字的に絶望、他力でしかいけなくなった状況だったんですけれど、その時のブーイングとスタジアムのシーンとした失望感。今でも忘れられないです。それくらいスタジアムに来ていたサポーターのみなさんの、そういう、なんて言うのかな、気持ちっていうのが僕らにダイレクトに伝わってきたんですよ。これがやっぱり僕らに対する期待…。

山本：それは普段やっぱりJリーグでプレーしている時とは…。

川口：ちょっと違いましたね。やっぱりあの失望感っていうのが。Jリーグは次にまた試合があるから。もう負けてブーイング、勝って喜ぶっていうのと、もう絶望感ですね。Jリーグでも今でしたら降格とか昇格とかありますが、ワールドカップに関して言いますとサッカーをやっている選手、関係者だけではなくて、それ以外の応援してくれている人たちの期待というのがある。スポンサーもそうですし、サポーター、ファンですね。やっぱりテレビを通して応援してくれている、普段サッカーを見ない人たちも応援している。そういう目に見えない圧力。日本代表、ワールドカップ。日本の本当になんというか、普段サッカーに興味がない人も応援しているというか、そういう目に見えないものがのしかかってくるのが代表で戦うことですね。

清水：例えば試合前のミーティングルームであるとか、選手同士のコミュニケーションの中で、期待値の大きさみたいなことを一緒に感じ取るといったことはありますか。

川口：代表合宿に呼ばれる、あるいは大会メンバーに選ばれる。もうそこから戦いなんです。だからそういうことを共有するというよりも無意識にベクトルがそこに向かっているんです。意図的にそのプレッシャーや期待に応えようっていうことではない。ワールドカップに出場する、日本代表に選ばれる。そのグル

ープとして戦う時点でそこに言葉はないというか。もうそこにみんなの意識が集中しているんで。

有元：いいですか一つ。結局日本代表を応援するファンの人たちにとってはナショナリズムというか、日本だから勝ってほしいというのが強く出てくると思うんですけれど、選手の感覚として、例えば川口さん本人が同じように日本のためにというか、そういう思いと、あるいはサッカー選手としてライバルに負けられないっていう思いと…。ある種、ステイタスですよね、日本代表というのは。川口さんの中ではどういう風にそれを当初思われていたか、あるいは年々どう変化していったか、お聞かせ願えますか。

川口：まずはですね、やっぱりライバルに勝たないと試合に出られない。日本代表に選ばれている選手は所属チームで中心選手なんですよね。だからベンチにいることはやっぱり悔しいんですね。まずはそのライバルに勝つ。ライバルに勝つことで代表でプレーする権利が得られる。でもその代表でプレーするということはプレッシャーだけじゃなくて楽しみもあるんですよ。やっぱり自分の存在意義を示せますし、今ではヨーロッパに行く選手が増えていて、世界のトップレベルの選手たちと戦うことを日常的に行える時代になっているかもしれないんですけれど、やっぱり当時は日本代表のレギュラーになる、それからワールドカップに出場する、あるいはオリンピックに出場することができないと、そういう世界のトップレベルと戦うことができない時代でしたから、やっぱりそこは必死でしたよね。そこの権利を得るために。だからそういう勝たなければいけないプレッシャーと、世界のトップレベル、テレビで見ている世界最高峰のリーグで戦っている選手たちと戦える喜び。彼らと戦ってどれだけやれるんだっていう期待感。それも代表選手に絶対必要なことだと思うんですよね。そういうものがいろいろ重なって、日本代表としてのパフォーマンスというのが生まれてくるんじゃないのかと思います。

山本：そうするとやっぱりまず川口さんのサッカー選手としてのプライドであるとか、キャリアであるとかそういうものを世界で挑戦してみたいというサッカー選手としての欲望みたいなものがまずある。

川口：まずそこが一番ですね。最初に話したように、プレッシャーというかまずそこです。でもそこに行き着くにはいろいろな…。

有元：国民の期待とかスポンサーの期待とか。

川口：とかチーム内での競争、ライバルとの戦い。そういったものが阻むっていう言い方もちょっと良くないですけど。

有元：壁になって。

川口：壁になって、そういった壁をひとつひとつ乗り越えて初めて戦える権利を得られる。

山本：テレビや新聞を通して我々のもとに届いてくる場合、日本代表の選手たちは日本を背負ってプレーする人だという風に物語が作られていくわけですよね。それと選手たちってなにかズレって言いますか、こういう風に自分は報道されているな、こういう期待を受けているなっていうことと、川口選手がプレイヤーとして思っていることで、何かズレている、何か勘違いが起きているようなシーンってありましたか。

川口：あー、そうですね。

清水：例えば1998年のフランス大会では全敗したとはいえ実はすごく良いゲームが多かった。しかし帰ってきたらそれこそ城彰二選手が空港でペットボトルの水をかけられるということが起きました。代表で国を背負って戦っているということに対して、サポーターの反応が攻撃的な形で出てきたわけです。

川口：フランス大会に関して言いますと、初めて出る大会でどんなものかわからない。もちろん初出場している国で成果をあげている国もありますけれど、それはやっぱりアフリカ

であったりヨーロッパの国々。常にそういう戦いを日常化している選手のナショナルチームが成し遂げてきている成果なんです。当時日本には海外、ヨーロッパでプレーしている選手はほぼいなかったし、初出場という条件が重なっていました。それにも関わらず、帰国した時に彰二選手がそういったことをされたっていうのは僕もショックでした。ただ選手としては初出場ではあるんですが、3戦全敗して帰ってきますなんてことは絶対言わないし、目標を高く設定する。初めて出たワールドカップでも優勝を目指すと言うことはまぁ普通の考えだと思うんですよね。でも実際それがかなわなかった時のギャップというのがかなりあるなっていう。フランス大会に初出場してベスト4、ベスト8まで行きたいという目標を立てるとします。そうするともうベスト8がノルマなんだと。メディアの報道であったり期待度が上がる。とはいっても選手は割と冷静なんですよね。実際、やはりアルゼンチンやクロアチアは力のある国ですから。例えば今回ロシアワールドカップでアルゼンチンとクロアチアが同じグループになったら正直厳しいなっていう冷静な意見が出るじゃないですか。でも当時のアルゼンチンやクロアチアってもっと力があったんですよ。日本とアルゼンチンの力の差って今よりもっとあった。でも当時はそういう報道がされていなかったんです。冷静に見ることができる記者あるいは評論家が当時はいなかった。今は歴史を重ねることでコロンビア、ポーランド、セネガルというこのグループを客観的に話せる人が多い。サポーター、ファンの方も含めて。でも当時はやはり冷静で客観的な意見が言える人がいなかったという中での戦いがありましたね。そこでの難しさというのはやはりありました。

有元：それはメディアが逆にファンの期待値を高めていったと。

川口：更に高めていった。もしロシア大会でこういうグループになったらちょっと厳しいなっていうことを言える、当時ももしかするとアルゼンチン、クロアチアがグループに入った時点であぁこれはちょっと厳しいなと言える人がいたと思うんですけど、少数派だったし。マスコミが「いやいや、とは言ってもいけるだろう」っていう楽観的な意見というのがより多くありました。冷静に分析できる人がちょっといなかった。

清水：川口さんは常にスポーツ新聞とかスポーツニュースとかを見てらっしゃるわけですか。

川口：見たり見なかったりですね。見る時もあるし、またそれを教えてくれる人もいる。自分が情報をシャットアウトしていても…。

清水：どこから入ってくるんですか。

川口：やっぱり知り合いであるとか。選手同士でいる時はそこまで話題にならないんですが、誰かと食事をした時にそういった話になることがあります。また雑誌とか新聞とかテレビから嫌でも入って来る時があるし、本屋などでサッカー雑誌が目に入ってワールドカップ特集みたいな表紙を見ると気になって、「あ、どうなのかな」と。そして知らなくていいようなことも知ってしまったりとか。中にはそういう情報を全部入れて、それを逆にバネにして、だったら結果残してやるっていう選手もいます。代表に関しては基本的には負けず嫌いの集まりなので、そういったものがエネルギーになることもありますね。ただそれがプレッシャーになるとか、自分の力を発揮できない原因になってしまうこともあります。

ワールドカップの熱量

清水：川口さんはワールドカップの幅でいうと12年以上代表にいて、その間に日本代表の選手たちがどんどん変わっていくわけですね。そうすると周りの選手たちの意識である

とか、代表に対する思いとか、そういうものが変化しているような印象はありますか

川口：やっぱりありますね。自分では選手としての本能みたいなもので、上のレベルでやりたい、強い相手とやりたい、強い相手を負かしたいというものが絶対あるんです。代表に選ばれる、代表で戦う、そしてアジアの予選を突破して世界の大会に出る。そこで初めてそういう選手と戦う権利が得られると。しかし今はそういう情報がすごく入るようになり、しかも日本の選手が海外でも認められる時代になって、ヨーロッパに行くことが以前に比べるとすごくこう近くなっている。もしかするとそれが要因になって、代表に対する思いというのが僕らの時と比べるとちょっと薄れている気がしますね。日本代表で活躍しないと海外に行けない時代から、日本代表で活躍しなくてもJリーグで活躍すればヨーロッパのスカウトが来る時代になったんですね。もちろんヨーロッパに行った選手たちの活躍があってそういう時代になってきているんですけども。そうして近くなったことで、「絶対代表」という時代から今度はヨーロッパ。やっぱりヨーロッパに行きたいんですよね、選手たちは。ヨーロッパの高いレベルでそういうトップレベルと日常的に戦いたいという本能的なものがあるので。目指すところはそこなんですけど、そこに行くための手段がやはり変わってきているのかなと。

山本：選手たちから見た日本代表というものの価値が少し変わったということですかね。

川口：そのような気がします。それが顕著になっている。もちろんヨーロッパでプレーしている選手たちが日本代表でプレーする時は、球際の強さや動きの速さというところで違いを見せていると僕は思うんですけれど、じゃあ最後のところで、エンブレム、日の丸、日の丸のために頑張っているかっていうとなんかそういう、ちょっと。

有元：ナショナリズム（笑）。

川口：ナショナリズムですね。でも僕はそれは間違ってないと思うんです。僕はそういう考えで代表チームでプレーしてきたので。最後のところでの執念というか気持ちの部分のところですね。頑張れるか頑張れないかっていうところでの差が出てくる。

有元：これ実は、日本だけではないんじゃないかと思うんです。要するに90年代以降、UEFAチャンピオンズリーグができて[4]、選手たちの移動もどんどん進んでくると[5]、かつてはワールドカップが世界最高峰の戦いだったのに、それが今ではUEFAチャンピオンズリーグになってくる。しかも今トップチームはものすごい過密日程でやってるじゃないですか。そうするとかなり疲弊した状態でワールドカップに臨むことになる。

川口：それはありますね。

有元：そうすると実はワールドカップの熱量自体が昔に比べて下がっているんじゃないか、現場レベルでの。

川口：有元さんがおっしゃる通りなんですけど、ワールドカップ自体も大会が大詰めになる準々決勝ぐらいからが優勝候補といわれる国々にスイッチが入る大会になっている気がしますね。だから予選リーグはそれまでのシーズンが終わった後のオーバーホールになっている…。また、チャンピオンズリーグは日常的に行われているし毎年の戦いなので、常に観られる。ワールドカップは4年に1度だから。その4年って集大成ではあるけれど、ただサッカーを欲している人たちからすると…。

有元：間延び感がありますよね。

川口：間延び感がやっぱりあるんですよね。そういったところでワールドカップの熱量っていうのが…。ただベスト8以降というのはチャンピオンズリーグに匹敵するぐらいの試合が行われているのは間違いないし、ナショナリズムというのが特に出ている。サポーターの観客席の雰囲気を見ると、本当にベスト

8ぐらいになると負けた国々っていうのはすごく落胆している感じがあるんです。でもそれまでに負けている国というのはそこまでの落胆がないというか。その場の雰囲気を楽しんでいるというか。

有元：あぁお祭りみたいな。

川口：お祭りみたいな。そういうのも年々増えている、のかなぁっていう。あぁでもどうなのかな。

山本：でもその方向は進みますよね、これからアジア枠も増えていきますし[6]。

川口：ワールドカップのシビア感がよりなくなってくる。その分お金が生まれるという経済効果は出てくると思いますが。そういったところでの、まぁでもこれは選手の編成でもそうですし、大会の参加数にもよると思うんですけれども、少なければ少ないほどシビアな戦いが行われるんですが、枠が広がれば広がるほど…。

有元：興行的な意味合いが。

川口：興行的な意味合いが出てくる気がします。

代表とプレースタイル

山本：サッカーの戦術やプレースタイルは時代とともに変わってきていて、ある年の流行みたいなものが出来上がってきて。そういうものはやはり強いクラブが作りあげていくじゃないですか。

川口：はい、そうですね。

山本：そういうものが代表に落ちていくんですか。

川口：そうですね。

山本：代表の選手たちは普段一緒にプレーしないじゃないですか。普段のクラブだとずっと一緒にいて戦術理解が共有されていると思うのですが、代表みたいにすごく短い期間でチームをパッと合わせないといけない、戦略を合わせなきゃいけない。これはやはり違うんでしょうか。

川口：やはりスペインが南アフリカ大会で優勝し、前回大会でドイツが優勝したっていうのはそういうところがあると思うんです。スペインだとバルセロナとレアル・マドリードの選手たちが中心になっているから、寄せ集めというよりバルセロナがそのままスペイン代表になっている。2チームを混合するのと4チームを混合するのであれば、やはり2チームを混合した方が強くなる。ドイツが前回優勝できたのはバイエルンの選手たちが中心となったから。ですから、チームが分散しているより実は同じリーグ、あるいは同じチームの何人かの選手たちがグループとなっている時の方が強いのかなって最近思うんです。

山本：そういう傾向が出てきているってことですよね。

川口：そうです。

山本：いろんなクラブの選手を招集してというよりも、もちろんレベルの高いリーグにいるっていうこともあると思うんですけど、一つのクラブの中でそのまま代表選手になるっていうことが、ワールドカップを勝つための何か新しい条件のようなものなりつつある。

清水：監督の戦術というものは、特にフィールドプレイヤーは絶対守らないと、メンバーを外されるとか。そういう部分はかなり強いのでしょうか。

川口：そこも含めて監督の力量かなと思いますね。例えばある程度の戦術を示すと思うんですけど、そこで実際戦うのは選手で、その選手がピッチ上で結果を残せばそれを尊重してくれる監督もいれば、いや俺の言うこと聞かないんだったらもう最初からダメだっていう監督もいます。そこはやっぱり、その監督の判断が関係してくるのかなと思いますね。ある程度は監督がこういうプレーをしろと要求します。例えばゴールキーパーに対してあるプレーを要求する。でも失点が重なったら多分使われないんですよ。監督がいくら前に出ろと要求しても、前に出ないゴールキーパー

がプレーして勝ち続け、あるいは点を取られなければそのキーパーは起用されますし。

有元：日本代表にずっといらして、実は日本代表のプレースタイルはこうだっていうのって、あるようでありませんよね。

川口：ないです。

有元：川口さんは、これが自分たち日本代表のプレースタイルだっていうのをどう捉えていましたか。むしろ監督によって変わるということが激しくあったと思うのですが、一方でメディアは日本代表はパスを繋いでコレクティブにみたいなことをよくいいますよね。現実のピッチ上で起こっているサッカーはかなり変わってきている気がするんです。

川口：うーん。

有元：選手が違えばサッカーも違ってくるのかな。

川口：やっぱり選手が違えば当然サッカーも変わってくるので。日本のスタイルは何かってことになると、やっぱり監督によって柔軟にスタイルが変わるっていうところ。

山本：おぉ、逆に。

川口：そういう考えになるのかなって。今のハリルホジッチ監督のやり方で強くなっているかっていうとわからないけれど、ただ柔軟に戦い方を変えるのが日本のスタイルで、悪く言えば監督の指示通りやると。監督によって決まるのが日本のサッカーになってしまっているのかなと。

有元：山本昌邦さんが、2014年ブラジル大会が終わった後に、いや日本らしいサッカーというけれど、どの選手を選びどう配置するかで全く変化するんだといっていたんです。日本らしいという言葉がひとり歩きしているのが残念でならないと。僕はそれがすごく当たっているなって思っているんです。一方でオシムさん[7]は日本的なサッカーみたいなものを構築しようとしていましたね。

川口：やっぱり判断させるっていうことをオシムさんはトレーニングの中でも試合の中でも僕らに伝えていたし、例えばトレーニングの中で突然人数を増やしたりとか、守備の選手を増やしてどう崩させるかとか、そういったことを臨機応変にさせる。あるいはその状況になった時に考えさせるっていうことをオシムさんは常に僕らに言っていたんです。日本人は頭のいい民族ということをオシムさんがすごくこう、僕らに自信をもたせるように、トレーニングで伝えていたし。どうしても国民性というか僕らは言われたことをやれっていう風に教えられてきているから、それがサッカーに出てきているところがあるんですけれども、じゃあ考えろといった時に、考えることができない人たちじゃないですよね。それをサッカーでももっと生かせっていうことをオシムさんはトレーニングの中でも伝えていたし、だから国民性というか日本人の頭の良さを生かすっていうのは、うーん、なんて言ったらいいのかなぁ。

有元：国民性といったら勤勉さとかよくいわれるんだけども、そうではなくて、クレバーに、機知に富んだっていうか。

山本：即興的に、現場の判断の速度を上げるっていうのか。

川口：やっぱり僕は偉そうなことは言えないんですけれど、これだけ何て言うんですか、進化を遂げてきた国って、日本以外にないと思うんですよ。いろんな国を見てて。だからそれがサッカーに反映できるんじゃないかっていうことをオシムさんは僕たちに言ってたんじゃないかなって。そういう、勤勉さもそうですけど、考える力、メンタリティ、道徳の高さとか。それが時にはサッカーにマイナスになってしまうこともあるんですけど。そういった、日本人の良さっていうのは日本人があまりわかってない。考える力みたいな。判断の速さとか。オシムさんはそういうものを求めていたと思います。

身体性と固定概念

山本：日本代表が負ける時のフレーズとして「フィジカルで負ける」という言葉がよく使われると思います。それこそ黒人選手の身体能力であるとか、ヨーロッパの選手たちのフィジカルが、っていうのとか。一般の人たちがよくメディアから受け取る「フィジカルが弱い」という何か言い訳じみた語りと、川口さんが現場で感じられているフィジカルというのは何か違いがあるのでしょうか。

有元：本当にフィジカルで負けているのかということですよね。日本代表が。

川口：「動きのフィジカル」と「当たりのフィジカル」とを区別しなければならないと思うんです。確かに身体のサイズと太さからしたら、大きい人と小さい人を分けるのは当たり前なんで、これは言われても仕方ないと思うんですけど、フィジカルってその当たりだけがフィジカルじゃないんですよね。動きの速さだったり、長い距離を走るスタミナが90分もつ、それも全部運動能力。運動することがもうフィジカルだと思っているんですよ。だから「当たりのフィジカル」は確かに勝てないかもしれないけれど、でも別の部分のフィジカル、例えばコーディネーションだったり、瞬間的な速さ。もしかしたら瞬間的な速さよりもむしろ90分間走る体力。そういうものは僕、勝てると思うんですね。東南アジアの選手とやると、最終的に組織では勝てるんですけど、実は1対1の局面で結構苦労するんです。日本人の選手より東南アジアの選手の方がそういうアジリティ、動きの速さ、瞬間的な細かい動きが優れているんですよね。それはやはり小さい選手の強みなんですよ。それも僕はフィジカルとして含まれていると思います。ジャンプするとか、瞬間的に小回りが効く。小回りも南米やヨーロッパの選手は効かないし、現に日本代表がヨーロッパの代表チームとやる時に割といい試合ができているのは当たりを避けて、アジリティで抜いていく。アジリティで崩していく。アジリティでボールを奪う。そこだと思うんですよ。

山本：身体とかフィジカルというものはその人が生まれ持ったサイズ感であるとか強さ、大きさっていうところで語られがちですよね。「日本人は小さいから」っていう論調になりがちです。しかし川口さんの言われるアジリティとか、スピードであるとか、90分走る体力などは、サッカーのトレーニングの中で構築していくことができるものです。それを含めたものもフィジカルに…。

川口：なると思います。かといって身体を強くすることは絶対必要なんですよ。そこも強化はするんですけど、そこはもしかしたら欧米の選手に比べたら落ちるかもしれない。だから勝てる部分を強化する。やっぱり当たるだけがサッカーじゃないんですよね。いろんなことがフィジカルであって。

有元：例えば日本代表がアフリカの代表チームと試合すると、解説者や実況の人たちはみんな「足が出る」っていうんですよ。この「足が出る」というのはすごく不思議なワードなんです。スライディングしても足が出るって言われるし。だから何をもって「足が出る」って言われるのかがわからない。みんなが思っている黒人選手って何かこう、特殊な身体能力をもっているみたいなイメージがあって。

川口：固定概念がありすぎて。うーん。黒人の選手はリーチが長いとか、ヨーロッパの選手は身体が強いとか、そういう風に思い込んでしまっている。

清水：川口さんは現場でそういう固定概念を経験したことはありましたか。メディアから言われるような。

川口：僕はハイボールに難があるってよく言われていたんですけど、そんなに競り負けた記

憶はないんです。もちろん負けたこともあるんですけど、完全に自分が当たり負けしてキャッチしそこねた回数がすごく多いかというとそうでもない。そこに行かなければそういう場面はないんだけれども、そこに行ったときに全部負けてたわけじゃないので。僕自身がそういう風に感じたことは一度もないし、自分の身長がハンディに感じたことはプレーをしていて一度も感じたことはない。もちろん川口があと10cm高ければあのボール触れたんじゃないかって言う人はいたかもしれないですが。でも自分の感覚として、その10cm身長が足りないことがハンディだと僕は一回も感じたことがありません。

有元：それはまさしく「日本人選手」「身長が高くない」「ハイボールで負ける」という固定概念みたいなものがあって、そのプレーが一回出るとそこにひきつけて語っていくわけですね。クレバーで戦術眼がある黒人選手でも一回スライディングでボールを奪うと「身体能力」って言われたり。

川口：2006年にイタリアが優勝した時の、カンナヴァーロ[8]は身長175cmないんですよ。彼がワールドチャンピオンのディフェンダーでその年のバロンドールなんです。そのことをみんな忘れてしまっていて。センターバックは上背がなきゃダメだってっていう論調になってしまっていることが僕はすごく残念で。ここ最近ディフェンダーでバロンドールとった人はカンナヴァーロ以外いないんですよね。今キーパーも190cm以上が求められていますけど、すごく残念ですね。そうじゃない。アジリティと速さだとか、90分粘れるスタミナ。これはやっぱり日本人が持っている強みだと思うんです。

清水：本日は貴重なお話をありがとうございました。
川口：こちらこそありがとうございました。
有元：ありがとうございました。
山本：ありがとうございました。

（構成：有元）

【注】
1) 西野朗。1991年からU-20日本代表監督をつとめ、1994年にアトランタ五輪を目指すU-23代表監督に就任。2016年より日本サッカー協会技術委員長。
2) 山本昌邦。1996年アトランタ五輪ではコーチとして西野監督を補佐。2016年より日本サッカー協会技術委員会副委員長。
3) ノ・ジュンユン（盧 廷潤）。韓国出身のサッカー選手。1992年サンフレッチェ広島に入団し韓国代表として初めてJリーグでプレーした。
4) ヨーロッパ・チャンピオン・クラブズ・カップから1992年にヨーロッパ・チャンピオンズ・リーグに、また1996年にUEFAチャンピオンズ・リーグに名称が変更。
5) 1995年欧州司法裁判所が下した通称「ボスマン判決」によって、EU国籍を持つプロサッカー選手のEU圏内での移籍が大幅に緩和された。
6) 2017年5月9日のFIFA理事会において、2026年大会から本大会参加国数が32から48に、アジア地域の本大会出場枠は4.5から8になることが決定された。
7) イビチャ・オシム（Ivica Osim）。旧ユーゴスラヴィア、サラエヴォ出身のサッカー指導者。ジェフユナイテッド市原（のち市原・千葉）の監督を経て2006年日本代表監督に就任。「日本サッカーの日本化」を掲げたが、翌年脳梗塞のため退任。
8) ファビオ・カンナヴァーロ（Fabio Cannavaro）。元イタリア代表DF。2006年ワールドカップドイツ大会でイタリア代表を優勝に導き、同年のバロンドール（欧州年間最優秀選手賞）を受賞。

■特集：サッカーワールドカップをめぐって

ワールドカップ─フランス代表を通して考える二十年─

陣野　俊史[1]

抄　録

　現代のフットボールは、試合スケジュールや選手の活動のあらゆる領域にまでスポンサーの統治の力が浸透している文化現象である。しかし他方でそれは、その時代の社会的諸問題を浮き彫りにするものでもある。本論は過去二十年のフランス代表チームを跡付けながらその社会的・歴史的背景を考察するとともにワールドカップというイヴェントがいかに解釈できるのかを論じる。1998年大会、社会的に移民規制が高まる中でのフランスの優勝は「統合」の機運を生み出した。様々なキャリアと人種の選手の集合体こそがフランス代表だった。そこではワールドカップは利那的ではあるが統合の夢を生み出しうるものだった。だが2000年代以降のフランス代表が露呈したのは分断の線であった。適度に貧しいという均質化した環境から代表選手を目指すプロセスの共通性は、ジダンの時代にはあったが、ドラソーの頃には消え失せていた。郊外の中でもとりわけ治安に問題のある地域「シテ」に出自を持つ選手たちと社会的エリート階層出身の選手たちとの間にある亀裂は、社会的分裂の象徴だった。その問題が大きく顕在化したのが、2010年南アフリカ大会である。そのときワールドカップは、そうした問題を世界に向けてあからさまな形で発信するイヴェントとなった。人種的統合／排除、階層的分断といった問題だけでなく、フランスにとってワールドカップは過去の植民地問題があらためて交渉される場としての可能性を持つものでもある。2014年大会では旧宗主国フランスと旧植民地アルジェリアの試合が実現する可能性があった。二つの国の人種・政治・差別の問題が複雑に絡まり合い「親善試合」が期待できない状況で、2014年のアルジェリアの健闘は貴重な機会だった。旧宗主国と旧植民地の間の複雑な歴史を露呈させ、そのうえでそうしたいっさいを配慮せずに試合を実現できるのも、ワールドカップのもつ可能性である。

キーワード：フランス代表、ワールドカップ、分断、統合、アルジェリア

1）フランス文学者・批評家

Considering World Cup: Tracing 20 Years of France National Football Team

JINNO Toshifumi[1]

Abstract

　　Football today can be seen as a cultural phenomenon ruled by the power of sponsors in every domain such as game schedules and activities players. However, it also reflects and highlights social problems of each time. This essay traces French representative teams for the past 20 years considering how they reflect issues of French society, and proposes the possibility of interpreting FIFA World Cup in some affirmative ways. In 1998, while regulation of immigration was increasing in France, the French team, an ensemble of players from different social and racial backgrounds, winning chanpionship produced social moods of 'unification'. The World Cup then could be seen as generating a dream of social unification, however transitory it was. French teams after 2000, however, highlight division of French society. The commonality of the process of aiming to be a national player from relatively poor environment in the time of Zinedine Zidan disappeared in the time of Vikash Dhorasoo. The crack between players from 'Cité', a particularly unsafe area in the suburbs, and players from upper class was a symbol of the social division. This problem was awfully manifested in South Africa in 2010, the World Cup being an event that disclose such social problems. Apart from the issues of inclusion/ exclusion of races and devision of social classes, World Cup for France can be a site in which colonial/post colonial issues are to be negotiated. A game of France and Algeria might be realized in Brazil in 2014. The World Cup exposes complicated histories between ex-colonizer and ex-colonized. However, it is also the World Cup that can realize the football match without considering such all.

Key words: French representative, World Cup, unification, division, Algeria

1) Critic of French Literature

2026年ワールドカップ

　ずいぶん先のこと、との感覚もあろうかと思うが、開催地もまだ決まっていない2026年のワールドカップが、幾つかのディストピア映画に描かれているように地球上から人類が死滅してしまっていないならば、たぶん行われるだろう。カタールののち、どこで行われることになるのか興味がないわけではないが（アメリカ、メキシコ、カナダが立候補している）、そんな小さな地理的関心をはるかに越える注目点が、出場国枠の問題である。2017年5月のFIFA第67回総会の決定事項によれば、出場国は48カ国になる。現状をカッコ内に記せば、アフリカ、9カ国（5）、アジア、8カ国（4.5）、ヨーロッパ、16カ国（13）、北中米カリブ海、6カ国（3.5）、オセアニア、1カ国（0.5）、南米、6カ国（4.5）となる予定、という。まったくサッカーのワールドカップに興味を持てない方々には、「〜.5」という表記は奇異に映るかもしれない。これはプレーオフ制度を指している。たとえばアジアとオセアニアは、最後の一つの椅子をめぐって最後の最後、プレーオフで一チームを選んでいるため、こうした小数点の表記になっているのだ。新しい出場国数を見る限り、プレーオフという制度がなくなることが予想される。それより何より、アジアとアフリカの出場国枠の増加が著しい。アジアが3.5、アフリカが4も参加枠を増やすことになりそうだ。南米など、とても厳しい予選を戦っているのに、1.5枠しか増えていない。どこかゆがんだ印象を与える。近い将来の話で言えば、2018年のロシア・ワールドカップは、オランダもイタリアもチリもアメリカも出場を逃したのに、そしてそれらの国々はおそらく十年後も相変わらず、気の抜けない厳しい予選を戦うことが予想されるにもかかわらず、アフリカとアジアには嘗てなかったほどの厚遇が約束されている、というわけである。

　もちろん、エビデンスはない。議論の果てにこうした結果になった、と言われればそれまでである。しかし、アジア優遇の背景には、誰もが容易に予想し得る通り、悲願ともいえる中国サッカーへの進出があるだろう。放映権料という大きなビジネスが、中国という巨大なマーケットには転がっているのだ。……すぐに思い浮かべるのが、2017年12月23日のエル・クラシコだ。スペイン語で「伝統の一戦」を意味するこの試合は、FCバルセロナとレアル・マドリードの間で行われるのだが、クリスマスを控えた今シーズン最初のクラシコは、キックオフが日本時間の午後9時だった。生中継だけで6億5千万人の人間が視聴すると言われるこの試合が、現地時間の午後1時に開始される理由はただ一つ、中国のテレビ観戦者を意識していたからである。生中継は多様化しているが、このクラシコを放送したメディアの一つ、スポナビライブは、なぜ昼間にこの試合が開始されることになったかを、いささかあっけらかんとこう書く（ウェブより）。「理由は、中国・日本を中心としたアジア諸国と、アメリカを視野に入れた試合時間が設定されているからです。欧州全体のサッカーリーグに共通して増えてきていますが、リーガは依然として日本時間のAM03:00前後にキックオフする試合が多いのが現状です。そんな中、今回の開催時間は異例ともいえる『クラシコ観戦チャンス』となりました」。「異例」であることの是非は問わない、というスタンスはわかる。異例がなぜ異例なのかを突っ込んでいくことは面倒だし、さらに言えば、誰が「異例」を演出したのか、と考えることには限界もあろうし、すでに決まったことは仕方がない。まして、その先、たとえば、フットボールを統治するのはいったい誰なのか、というような問いを立てること自体、あまり意味のある頭の使い方とは呼べないのかもしれない。ただ、これだけ露骨な中国マネー偏重は、これまで見たことはない。そのことだけは、書いておく。

フットボールを統べる者

　かつて、フランスの社会学者パスカル・ボニファスは『サッカーと世界化』(Armand Colin, 2006) なる書物の一章を「誰がフットを統べるのか？」と題したことがあった。少しだけだが引用する。

　　1968年5月。FFF（フランスサッカー協会）の席が乗っ取られ、《サッカーをサッカー選手の手に》と書かれた横断幕が正面スタンドいっぱいに広げられたことがあった。「スポーツの鏡」というメディアを別にすれば、当時のスポーツ関係のメディアのほとんどはこの件を評価しなかった。一人の競技者はそのキャリアのほとんどの間、同じクラブに属し、現代版の奴隷制を経験するといった時代はしかし、過ぎ去った。競技者たちは自由に自分の気に入ったクラブと契約することができる。ただし、プロ選手の中にも、権力者におもねる者はいるし、彼らのクラブのオーナーの持つ権力へと回帰する者もいる。そして、権力とは、一般的にフットボール選手のものではないし、さらに言えば、サポーターのものでも（それ以上に）ない[1]。

　「68年5月」といえば、フランスでは「五月革命」と呼ばれた政治の季節。そのとき、フランス・サッカーにどれほど「革命」の波が押し寄せていたのか——この魅力的なテーマについては別の機会に。話を戻せば、ボニファスは、この言葉の後、FIFAとUEFAの「権力」について書き、あるいはスポーツ関連のスポンサーの「権力」についても告発の姿勢を崩さない。この文脈上にあるワールドカップ関連で言えば、私たちは、1998年フランス・ワールドカップ決勝を忘れることができないだろう。私のようなフランス代表をずっと見続けてきた人間にとっては、フランスの初優勝が決まった試合であり、ジネディーヌ・ジダンという不世出の選手がそのキャリアの絶頂を刻んだ試合でもあったのだが（あくまでも「代表」として）、ボニファスにしてみれば、あの試合は——。「私たちは、1998年ワールドカップ決勝のフランス・ブラジル戦にロナウドが参加したことをあれこれ論評した。彼は試合の行われる午後、癲癇の発作を起こしていたのに。そこにナイキの介入を見ようとする者もいた。最高のコンペティションの、スポットライトを浴びた試合で、もっとも人気のある存在を欠いてしまうんじゃないか、とナイキが心配したから、というのだ。あるいは、日韓で共同開催となったワールドカップのフランス代表選手たちの「肌の色」を擁護するために、選手たちのグループの構成について問い質したのはエリック・カントナで、彼はニコラ・アネルカやエリック・キャリエール、ミカエル・ランドローの不在を問題視した。カントナは『代表選手の選考基準が、スポーツ用品製造業者にのみ依存していなければいいのだが』とあてこすった。この場合、糾弾されているのはアディダスで、アディダスは、先の三選手と個人契約をしていなかった[2]」。

　スポンサーの持つ「権力」については、たとえばジダンが2006年のドイツ・ワールドカップ直前に代表に復帰するや、選手たちの口にするヨーグルトがすべてダノン社製になったとか、特定の水だけが冷蔵庫に冷やされることになった、といったエピソードにならば数限りなく接してきた。ゆえに、スポンサーの特権的な「権力」とやらに（たしかにそれは目に余る瞬間がないではないのだが）、いささかオヴァーアクション気味に怒りをあらわにするよりも、スポンサーの「権力」が選手のあらゆる領域にまで浸透し切っている事実を、まずは冷静に（あるいは冷笑とともに）受け止めて、その「権力」が暴走したときにのみ、私たちは声を挙げる、という心の訓練をしておけばよいのではないか、と思う。これはけっして後ろ向きの選択ではない。

フランス屋として

さて、そろそろ本題に入ろう。

自己紹介が遅くなったが、この文章を書いている私は、様々な大学で「フランス語圏文学」やら「フランス社会研究」といった講義を担当している人間である。フランスに関わりのある文学も音楽も映画もスポーツも扱うが、特に力を注いでいるのがサッカーである。フランス代表のこれまでの闘いを熱く語るというだけでは講義として成立しないので、彼らのワールドカップごとの闘いから、できるかぎりその時の社会とリンクするような問題を浮き彫りにして話をしている。以下、フランス代表がこの二〇年間に残してきた様々な問題を指摘し、合わせてワールドカップをどのように捉えるべきか、考察してみたい。

と、幾度も回り道をするのだが、ひとつ、映画の話をしておきたい。2008年に公開された『パリ20区 僕たちのクラス』というフランス映画がある。当時、教育関係者に衝撃が走った記憶がある。その年のカンヌ映画祭でグランプリに相当するパルム・ドールを受賞した。監督のローラン・カンテは、多民族の入り混じる街、パリ20区の中学生の、とあるクラスの一年を追いかける。もちろんフィクションではあるが、ドキュメンタリーを思わせるくらい素人の生徒たちの演技は素晴らしかった。クラスにはまるでまとまりがない。クラス担任で主人公のフランソワ（フランス語教師）は、簡単な動詞の活用さえ満足にできない生徒たちに対し、粘り強く接していく。たとえば、「ビルはチーズバーガーを食べた」という例文を黒板に書くと、チーズバーガーは臭い、と言い捨て授業を放棄する生徒がいたり、どうしていつもいつも「ビル」なのか、なぜ白人の男の名前ばかりを例文に使うのか、と食って掛かる女子生徒たちがいたり（彼女たちは「アイサタ」というアラブ系の女性を思わせる主語に換えるよう要求する……）、フランス語の授業はあちこちで頓挫してしまい、まったく前に進まない。私も最初にこの映画を観たときは、そうした多人種性と授業運営の困難にばかり目が行ったのだが、新しく見直してみると、なかなか興味深い点が一つ、隠されていた。それは、クラスがある転校生を迎え入れた後のこと。彼はカリブ海のアンティル諸島（グアドループやマルチニックなど）出身の生徒。ときはちょうどアフリカ・ネイションズカップの予選が開催されている頃だった。モロッコは圧倒的な強さで本選出場を決め、同じく、ディディエ・ドログバを擁するコート・ジボワールもまた優勝候補の一角を占めていた。モロッコやコート・ジボワールにルーツを持つ子どもたちは、自分がその国の「関係者」であることが誇らしく、黒板の前で自慢げに自己紹介をする。一方、グアドループからやってきた転校生は、アフリカ・ネイションズカップには興味がない、自分が好きなのは、フランス代表だ、と公言する。小さな諍いが起こる。肌の色は黒いのに、お前はどうしてフランス代表なんかを応援するのか、と言い募る生徒たちに対して、俺はフランス人だからだ、とはっきりと発音する転校生がいる。むろん、アンティル諸島だけではなく、ニューカレドニアもレユニオン島も、いまでもフランスの「海外県」だ。だからその限りで、彼が自分こそフランス人であり、フランス代表が自分の国の代表だと発言することには納得がいくのだが、彼らの間に走る分断線に、あらためて気づかされるのだ。少なくとも、1998年、フランスがワールドカップで優勝したとき、社会の空気は「分断」ではなく、「統合」の機運に満ちていた。

1998年

1998年以前のフランスには言及しない。なぜなら、1990年のイタリア大会も、1994年のアメリカ大会も、フランスは本大会に出場していないからだ。いまでこそ強豪国のような顔

をしているが、フランスは勝負弱かった。ワールドカップでつねに上位に顔を出すような国ではなかった。80年代のミシェル・プラティニがチームを牽引していた時代は別にして、突出した才能が年月とともに衰えていけば、次の才能の出現までフランスは暗黒の時代を経験する――私は十年回帰説(つまり、十年に一度、フランス代表は傑出した個人的な才能によって復活する、という説)――を採っているが、98年以前はまさに暗黒の時代だった。だが、ジネディーヌ・ジダンという、別の惑星でサッカーの才能だけを付与されて地球に堕ちてきた男としか思えない選手の出現によって、フランスは地元開催のワールドカップで優勝を遂げる。試合の詳細は省く。このときのフランス代表のことを、小説家のジャン゠フィリップ・トゥーサンは近著の中でこう書いている。

　　この物語は1998年に始まる。この日付が私にはとても遠いものに感じられる。過去にはまり込んでいて、すでに終わってしまった20世紀に深々と埋まった日付。きっと未来の世代には別の時代に属するように思えることだろう。この1998という数字はきわだって奇妙でもある。1と9という数字は、私たち現代人の目には賞味期限の切れたものに見えるけれど、しかしながら1998という数字は私たちにとても近く、私たちの生活や時間、肉体、歴史、キス、あるいは苦痛といったものに親密に結びついていて、折あしく前世紀の縁を齧ってしまい、うっかり過去の中に足を突っ込んでしまった、そんなふうなのだ。(中略)しかしながら、この物語が始まるのは紛れもなく1998年であり、この年、私の息子のジャンは9歳で、娘のアンナは4歳だった。正確には1998年6月10日に、人生で初めて私はサッカーのワールドカップの試合を見にスタジアムに足を運んだ。ワールドカップの日付なら、その後――2002、2006、2010、2014――と続いていくのであり、1998と同じ意味の言葉だと言うかもしれない。だが、同形異義などではまったくない。(中略)そう、1998は流行遅れの日付で、うまく年を重ねることができなかった日付でもある[3]。

　トゥーサンがいささかトリッキーな形で書いているのは、「1998」という数字のうち、「1」と「9」がとりわけ奇妙に見えるのはなぜか、ということだ。ひどく昔のことのように思える一方で、私たちを取り巻いている様々な事象がいまだに「1998」を引きずっていることに由来している。その齟齬がいつまでも「1998」という数字にはつきまとっている。

　この感覚を、フランス・サッカーにそのまま置き換えてみるならば、こんな感じだろうか。1998年、フランスはワールドカップで優勝した。このときの代表選手をそれぞれのルーツとともに挙げれば、ジネディーヌ・ジダン(アルジェリア系)、ユーリ・ジョルカエフ(アルメニア系)、リリアン・テュラム(グアドループ出身)、クリスティアン・カランブー(ニューカレドニア出身)、ビセンテ・リザラズ(バスク系)、ディディエ・デシャン(バスク系、2017年現在のフランス代表監督)、マルセル・デサイー(ガーナ出身)……と、続ければキリがないのでこれくらいでやめるが、様々なキャリアと人種の選手の集合体こそが、フランス代表だった。グループリーグではジダンをレッドカードで欠きながら、徐々にチームとして仕上がっていく様は、さまざまな人種の暮らすフランス社会の「統合」の象徴とまで言われた。この読みを支えるもう一つの側面は、90年代に入ってから急速に厳罰化した移民規制がある。主として旧植民地からの移民によって労働力を支えられたフランスが「黄金の三十年」を謳歌したのは、1975年まで。それ以後、移民を規制する側の論理ばかりが目立ち始め、93年以後、フランスは移民規制を厳しくする方向に大きく舵を切ったのだが、そうした背景の中での

優勝だったのだ。

　なんと刹那的な！と感じる人もいるだろう。その通り、ワールドカップの優勝がもたらすのは瞬間的な「統合」の幻想でしかない。根本的な解決ではけっしてない。このことは1998年から20年近い年月が経った今だからこそ、はっきりとわかることでもある。しかし、あれほど多くの人が共有できる刹那的な夢を創り出せるだけでも、ワールドカップの効力はある、と私は思うのだが、皮肉を言っているように思われるだろうか？

2002年

　周知のように、この年のワールドカップは、日韓共同開催だった。じつはフランス代表に関する限り、あまり語ることの多くない大会でもある。ディフェンディング・チャンピオンとして臨むはずだった大会の直前、中国代表との練習試合で、大黒柱のジダンが太腿に怪我を負ってしまい、セネガルとの初戦を欠場。チームも0－1で敗れ、悪い方向へ転がり始める。第二戦のウルグアイとはドローだったものの、最終戦のデンマークに0－2で完敗し、勝点1、グループ最下位に終わり、韓国で戦っていたフランスは日本に来ることさえままならず帰国した。帰りの飛行機の座席が全員エコノミー・クラスだったという噂さえ信憑性を持つほどのテイタラクだった。チームは明らかに傾いていた。世代交代が必要だった。若手を登用する必要もあった。ジネディーヌ・ジダンやリリアン・テュラム、あるいはクロード・マケレレといったフランス代表の中心選手たちは、2004年のヨーロッパ選手権（かろうじてグループリーグは突破したものの、ここでも惨敗を喫する）のあと、代表からの引退を表明する。

　だが、勝てない。ベテランに頼る姿勢を完全に退けたところまではよかったが、勝てないチームになってしまった。2006年のドイツ・ワールドカップへ向けての予選の試合でもドローを連発し、予選敗退の危機に瀕した。このときの代表監督は、レイモン・ドメネクという人物だったが、彼はそんなチーム状態に喝を入れるべく、代表から退く意向を表明していたジダン、マケレレ、チュラムを説得し、三人はその後代表に復帰した。フランスが本大会出場をかけてプレーオフで対戦したアイルランド戦で、当時のフォワードのエース、ティエリ・アンリが手を使ってボールをコントロールし、ゴールする、という「神の手」のおまけまでついた。フランスは2006年のドイツ・ワールドカップの切符を滑り込みでようやく入手する……。

　この頃のフランス代表とワールドカップについて語ることは、前述したとおりあまり多くない。ただ、2017年に一つだけこの当時、つまり2000年代前半にフランス代表を務めた選手の「自伝」が刊行された。どうしてこのタイミングなのかはまったく不明だが、ヴィカシュ・ドラソーというのがその選手の名前だ。ドラソーを覚えている読者のほうが少ないだろうが、リーグ・アンのボルドーで活躍し、代表に選ばれ、ACミランへ移籍、パリサンジェルマンで活躍したあたりまで、陽の当たるサッカー人生を歩んだ。自伝の中で彼は代表の「ベンチには切断があった」と述べ、「私たちは同じ社会的環境の中で育ったわけではなかったし、そのことをみんなが感じていた」と言いきっている。「フランスは後継者たちの国だ。そこには社会的な意味での混成性など存在しない。その社会では白人の男が指示を出して、女性を含むマイノリティたちは脇に置いておかれる[4)]」。

　1998年のワールドカップで束の間にしろ垣間見えた「統合」は、2000年代のフランス代表においてすでに消失していた、と考えるか、あるいは、勝ったときだけ「統合」を持ち出すことのほうが奇妙であり、社会が「分断」されているのと同じくらい、フランス代表も分断されていたのだ、と考えるほうが理に適っているか、議論はあるだろう。ドラソーの自伝の中の言葉で、それでも無視できないと思われるのは、

代表の選手たちの均質性が崩れていたという指摘だ。社会的環境の中で、比較的同質の環境から選手が選ばれていたのはせいぜい2000年〜2002年までのことで、言い換えれば、ローティーンでサッカーの才能を発掘され、セネガルやガーナやアルジェリアやアンティル諸島からフランスに移住、国立サッカー学院（INF）で徹底的に鍛え上げられ、ハイティーンでプロ契約する、といった流れがすでに、2000年を境に終わりを告げていたということだ。適度に貧しいという均質化した環境から代表選手を目指すプロセスの共通性は、ジダンの時代にはあったが、ドラソーの頃には消え失せていた。選手たちの間に忍び込む分断の線は、徐々に明確になりつつあった。

2006年

ワールドカップ・ドイツ大会はフランスにとってひとまず成功に近い大会だったのかもしれない。結論だけみれば準優勝。イタリアに優勝カップ（ジュール・リメ杯と呼ばれる）を持っていかれたとはいえ、決勝までコマを進めた。グループリーグ当初、フランス代表の調子は最悪だった。スイスとも韓国とも引き分け。だが第三戦の相手がトーゴという幸運に恵まれたフランスは、格下トーゴを2－0で下し、1勝2分でグループリーグをギリギリで通過する。ところがベスト16でスペインを、ベスト8でブラジルを、ベスト4でポルトガルを撃破、大方の予想に反して決勝にまで進出する……。こうした成功の裏側には、ジダンを徹底的にサポートし続けたフランク・リベリーの存在が欠かせないのだが、ここではそうした「サッカー談義」は慎もう（もうすでに十分、そうした種類の「談義」に話が変質していることは自覚しつつ）。そうではなく、この大会をめぐっては、たとえば「分断」と「統合」といった議論がどうにも希薄に思えるのは、最終的にジダンの頭突きによってすべてが強制的に中断させられた所為である。

ジダンの頭突きは書道の筆の運びのように、突如として、なめらかに出来した。実行には数秒しかかからなかったとしても、それは緩慢な成熟のプロセス、目には見えない長くひそかな生成の道のりをたどった末にでなければ起こり得なかった。ジダンの行為は、美と崇高という美学的カテゴリーを逸脱し、善と悪という道徳的カテゴリーの彼方にあって、その価値および実質は、時の流れの中でそれが起こった、まさにその瞬間との完璧な一致に支えられたものにほかならない。地下を流れる二筋の大きな流れが、はるか以前からそれを推し進めていたのだが、第一の、幅広く物静かな、強力にして逆らい難い底流は、時の経過を苦痛とともに受け止める感覚であると同時に、まさに純然たる憂鬱というべきものを源としていた。この第一の流れが、あらかじめの終わりが決められていることの寂しさ、生涯最後の試合を迎えて、終える覚悟のつけられない選手の苦渋と結びついていたのである。ジダンは常に、終わる覚悟のつけられない選手だった。これまでも偽りの結末（対ギリシア戦）や、失敗した結末（対韓国戦）の常習犯だったのである。いつだって、自分のキャリアに終止符を打つことができずにいたし、とりわけ、キャリアを平和裏に終えることができなかった。というのも平和裏に終わるといったところで、やはりそれは終えることなのであり、伝説を閉じることなのだ。ワールドカップの勝者に贈られるジュール・リメ杯を振りかざすのは、自らの死を認めることであり、一方、退場処分を食らうのは、結末を開かれたままの、先のわからない、生きた状態に保つことである[5]。

ジャン＝フィリップ・トゥーサンの言葉を信じるならば、私たちは、あの決勝からすでに十年を経過してなお、「結末を開かれたままの、

先のわからない、生きた状態」を経験していることになる。ジダンはいなくなったが、彼が「中断」した結末へと到達しない道筋の途中に私たちはいまでもいるのかもしれない。ただ文中でトゥーサンが「もう一つの流れ」を指摘していることも書き添えておかねばならない。それは「胆汁の過多と土星の影響に由来する流れ」であり、「ピッチを唐突に立ち去ってロッカールームに戻りたいという抑えようのない欲求」だ、とトゥーサンは言う。疲労困憊し、肩は痛くなり、相手も味方も我慢がならなくなり、憂鬱にとらわれてしまう――「ジダンの憂鬱はぼくの憂鬱でもある、ぼくにはわかる、ぼくだってそんな憂鬱を抱えこみ、実感しているのだ」と、トゥーサンは説明する。ここにはすでにサッカー選手としてのジダンは存在せず、トゥーサンの小説の中の主人公しかいない。だからこそトゥーサンがジダンの頭突きを巡って書きつけた文章(驚くなかれ、12ページしかない「単行本」!)は、最終的にジダンは頭突きをしなかった――頭の一振りはついにイタリア人DFの胸に到達することがなかった――という結論に到るのだが、それが度の過ぎたフィクションであるとか、夢見がちな小説家の妄言にすぎないとか、そんな言葉を投げつけることが重要なのではない。ジダンの頭突きのインパクトがあまりに大きく、そのせいで、世界中の人はその事実性を受け止めることさえできなかったのであり、その先にはフィクションの営みしか待っていないようにも思えるのだ。

別の見方をすれば、ジダンの遺した頭突きのインパクトのせいで、それまで露見しかかっていた「統合」と「分断」の往復運動(これはフランス社会の縮図でもある)が、いったん、背景に押しやられたということでもある。主審からレッドカードを突きつけられ、悄然とピッチをあとにするジダンのすぐ横には光り輝くジュール・リメ杯が控えていた。その画のあまりのらしさに、軽く眩暈さえ覚えるほどだった。こうして、2006年のドイツ・ワールドカップは終った。終わりを奪われて、終わったのだ。

2010年

南アフリカで行われたワールドカップは、フランス代表にとって忘却の淵に沈めてしまいたい歴史の汚点である。観客たちが吹き鳴らしたブブゼラの音は、忌まわしい記憶とリンクしている。

初戦のウルグアイに引き分けたあたりから、雲行きは怪しくなった。第二戦のメキシコには0−2で完敗。「事件」はメキシコ戦ハーフタイムのロッカールームで起こった。後述する。第三戦、事件を引きずったままのチームはまったくまとまりを欠き(中にはアップせずにいきなり試合に出場した選手もいた、と聞く)、南アフリカ相手に1−2で敗北。勝点1。一勝もできずに帰国することになった。一勝もできないグループ最下位、というのは2002年の大会と同じだが、日韓大会の敗北がひとえにジネディーヌ・ジダンの怪我に原因を求められたのは事態の簡略さという意味で僥倖だった。

メキシコ戦ロッカールームの出来事とは、簡潔に言えばニコラ・アネルカの暴言である。若くしてパリサンジェルマンと契約し、レアル・マドリーに移籍するも練習態度の悪さからつねにトラブルを起こしてきたフォワードは、起用法をめぐって監督のレイモン・ドメネクと対立し、誰も口を開かないハーフタイムの選手控室で、「オカマでも掘られてろ、薄汚い売春婦の息子め」(直訳)と監督を罵った。半径数メートルにしか聞こえないはずの呟きはしかし、翌日のフランスを代表するスポーツ紙「レキップ」の一面を飾った。フランス・サッカー協会は事態を重く受け止め、ニコラ・アネルカの「追放」を決定した。これに反発した選手たちは(この「反発」がそのまま「結束」へと繋がっていかないところが、いかにもフランスらしいのだが)、翌日の練習をボイコット。ただ、この「ボイコット」の仕方がいかにもまとまりのないチ

ームらしい。朝食を採ったあと、練習場へ向かうバスに選手全員が乗り込み、移動。ところがそのバスからの降車を選手側が拒否し、声明文をドメネク監督が代読するという、幾重にも理解不能な「演出」が重なって事態は悪化した。選手たちが降車しなかったバスにちなんで、この小さな事件を「屈辱のバス」事件と呼ぶことがある。このときキャプテンを務めていたパトリス・エブラは、アネルカを追放したフランス・サッカー協会を批判しつつも、ほんの数人しか聞きとがめたはずのないアネルカの暴言が翌日の新聞にそのまま掲載されたことを重くみて、誰が「本当の犯人」かを見極めねばならない、と口にした。魔女狩りである……。些事はもうそろそろ切り上げよう。さらに詳細な情報を、とお求めの向きには、レイモン・ドメネク『独白』（松谷明夏訳、ジービー、2014年）やヴァンサン・デュリュック『レ・ブルー黒書──フランス代表はなぜ崩壊したか』（結城麻里訳、講談社、2012年）を推薦しておく。

　ここではもう少し別の角度から2010年の惨敗の記憶を検討することにしたい。フランスの社会学者のステファヌ・ボーはこのときのフランス代表について、こう書いている。

　　私たちはこれから、2010年のフランス代表チームを横切っていた社会的亀裂を強調しようと思う。それは2014年のフランス代表にまで続いていた亀裂でもある。この緊張関係は、広くジャーナリズムの中で取り上げられてきた問題であり、（フランク・）リベリーをリーダーとする「シテ」の選手たちとヨアン・グルキュフとを対立させた葛藤を象徴的に表現している。レイモン・ドメネクの自伝によるならば、この主題に関する限り、疑いの余地はなく、リベリーたちはグルキュフに対して「憎悪」を躊躇なく語っていたから、ということになる。グルキュフは2010年に新しく代表に選ばれた選手で、所属するボルドーに広く貢献してきたことが認められての選出だった。彼の社会的出自（プロサッカー選手の息子[6]）、礼儀正しく人を尊敬する物腰、流暢で正確な話し方、テクニック分析のセンス、文化的な嗜好（読書好き）、慎み深さ、身体的特徴（彼はいつも「美しき若者」と形容されてきた）によって、グルキュフは、スポーツ関連メディアと《大衆》を魅了したのだ。（中略）要するに、ヨアンは、遠回しに言えば、プロサッカー選手たちの環境においてはしっくりこないと言わざるを得ず、つまり、大衆クラスの少年たちが抱える劣等感の中ではうまくいかないのだ[7]。

　ヨアン・グルキュフが折り紙つきのエリートだということは周知の事実。自分ひとりで（つまり弁護士抜きで）プロ契約をしたとか、話し方が上品で粗野な言葉を使わないとか、様々な事実が漏れ聞こえてきた。フランスの郊外の中でもとりわけ治安に問題のある地域のことを「シテ」と呼ぶが、グルキュフは、「シテ」に出自を持つ選手たちとうまく馴染めなかった。両者の間にある亀裂は、社会的分裂の象徴だった。ティエリ・アンリはやや嫉妬の混じった言い方でヨアン・グルキュフを「新しいスター」と呼んだ。むろんこの時のフランス代表にも、ヨアンと同じ程度の（上流の）社会的階層に出自を持つ選手はいた。ユーゴ・ロリスとマルク・プラニュスだ。たとえばロリスの父親は、モナコの銀行家だし、2008年に亡くなった母親は国際的な弁護士だった。2010年9月に発売されたフランスのサッカー雑誌のインタビューで、ロリスはこう答えている。「両親は、人生の成功者だった。だが私は自分をブルジョワの息子だと思ったことはない。なぜなら、とても小さな頃から、私は混じっていたから。私はこの混成性が好きだった。私たちは同じ文化を持たない人や、同じ環境から出てきたわけではない人と友だちになれる国に住んでいるのだから」[8]。いま「混成性」と訳したところは、mixitéという単語である。この単語は、前述したドラソー

の自伝の中でも用いられていて、ドラソーは「混成性」など存在しなかったと述べていることにも再度注意を促しておこう。

2010年のフランス代表と2014年のそれとを比較してみると、選手の出身の「社会的階層」（やはりあまり馴染めない言葉であることを小さく言明しておく）に大きな変化はない。だから2010年の大失敗と2014年のベスト8の間に大きな差異があるのは、ステファヌ・ボーも言う通り、結果がついてくれば「社会的ハビトゥスの差異は、括弧に入れられる」のだろう。逆に、結果がついてこなければ、小さな不和を通じて階層的な違いが強調されることになり、とりかえしのつかないところにまでチームの「雰囲気を沈潜させる[9]」ことになる。この件について、マルク・プラニュスがタブーを破って発言しているのが興味深い。「今日、礼儀正しくあることは、君をフットボールの環境の中で孤立させるだろう。君は違うのだ。規則――それは、じっと座ったまま硬く拳を握り締めることであり、頭をヘッドフォンで締めつけることだ[10]」。ここに社会的亀裂を認めることは容易だろう。2010年〜2014年のフランス代表には、根深い階層的対立があった。思えば、ジャック・シラクが大統領選挙で、「社会的亀裂」を克服しなければならないと演説してからこのときすでに十五年が経過していた。そこにあることを認知しながらも誰も問わなかった問題が、これ以上ないくらいの形で顕在化したのが、2010年の南アフリカ・ワールドカップだった。逆に言えば、ワールドカップほどの巨大なイヴェントでなければ、世界に向けてかくもあからさまな形で発信する問題とはなり得なかったのかもしれない。

2014年

さて、いよいよブラジル・ワールドカップである。フランス代表を介した私たちの過去への視線も、ついに最後の局面を迎えたと言えるだろう。サッカーをめぐる「権力」、人種問題、社会的階層の差異。そうした諸問題を検討してきた私たちに、いまだ語るべき問題は残されているのか――。少し型破りだが、これまでとはまったく違う視点から、フランス代表の試合を振り返ってみよう。

代表監督を任されていたのは、ディディエ・デシャン。1998年のフランス・ワールドカップの優勝メンバーで、八百長問題で降格したユヴェントス（イタリア）を立て直したり、小粒だが規律のあるモナコのようなチームを作ったりする手腕に長けた監督、というイメージがある。フランスは初戦のホンジュラスを3－0で一蹴。第二戦のスイス戦（しかしワールドカップでスイスと対戦することのなんと多いとか！）も、オリヴィエ・ジルー、ブレーズ・マチュイディ、マチュー・バルビュエナ、カリム・ベンゼマ、ムサ・シソコがそれぞれバランスよく得点し、大量5点を奪い圧勝する。第三戦のエクアドル戦こそ0－0のドローに終わったものの、易々とグループリーグを突破し、ベスト16にコマを進める。ここでも「スーパー・イーグルス」の異名を持つナイジェリアを2－0で沈め、2大会ぶりの準々決勝進出を果たす……。

フランス代表の快進撃を横目に見ながら、じつは私はこのとき、フランス代表とは別のチームから目が離せなくなっていた。それはアルジェリア代表である。2010年におよそ四半世紀ぶりにワールドカップ本大会に戻ってきたアルジェリア代表は、2010年こそグループリーグで敗退したが、ブラジル大会ではタレントを揃え、アルジェリア・サッカー史上初めて、決勝トーナメントに勝ち上がっていた。ベスト16の相手は、難敵ドイツだった。

サッカーの見方はじつに様々で、戦術に特化したり、選手の個性に焦点を当てたり、あるいは監督にしか関心を持てない人もいる。このときの私の関心はたった一つだった。もし、アルジェリア代表がドイツ代表を打ち負かすことが

あれば、たいへんなことが起こる、ということ。これは別に弱いチームが強いチームを負かすという、いわゆるジャイアント・キリングを意味するのではない。「たいへんなこと」と回りくどい書き方をしたが、歴史的な出来事になるのは容易に予想された。ベスト8の相手がフランス代表だったのである。フランス対アルジェリアのサッカーの試合が、こともあろうにワールドカップで実現する——こう考えただけで、全身の毛が逆立つほど興奮したことを、いまもありありと覚えている。それほど、フランスとアルジェリアのサッカーの問題は複雑で解きほぐしがたく絡まり合っている。二つの年号を記しておく。

まず、1958年。

当時、フランスリーグにはかなりの数のアルジェリア系選手がいた。当然である。アルジェリアはいまだフランスから独立していなかった。アルジェリアがフランスから独立を果たすのは1962年のことで、1958年といえば、独立戦争の最中である。この頃のサッカー事情を活写した文章がある。

　サンテティエンヌのスタジアムで、モナコ所属のムスタファ・ジトゥニと、アンジェ所属のアマル・ルアイが火花を散らす。ルアイがゴールを決め、ジトゥニがタックルする。「おいおい、最後の一分で俺に怪我をさせるなよ」「とにかく、プレイを続けろよ」。審判が試合終了のホイッスルを鳴らす。「一杯やる」という口実で、更衣室を抜け出した2人は、夜の街に消えた。手引き役は元プロ選手のムハンマド・ブメズラグだ。行先はチュニス。飛行機でローマを経由して向かった。サンテティエンヌ所属のラシッド・メフルーフィ、それにフランスリーグでプレイする最も優秀なアルジェリア人選手10人のうち7人が、彼らと合流した。夜明けのチュニス空港で、駐機場に降り立った選手たちの様子を撮影したフィルムが残っている。アルジェリア民族解放戦線（FLN）のサッカーチームがここに誕生した[11]。

ちょうど二か月後にワールドカップ・スウェーデン大会を控えていた。結論から言えば、フランス代表はアルジェリア系の大黒柱の数人を失うものの、ジュスト・フォンテーヌ（彼もモロッコ系）のような傑出したFWの活躍で本大会で3位に躍進した[12]。アルジェリアはまだ参加していない。上の引用のあと、「ルモンド・ディプロマティック」の記事はこう続く。「このニュースに世界は騒然とした。世界一のセンターバックと言われ、レアル・マドリッドへの移籍を噂されていたジトゥニと、『頭の後ろにも目がある』と言われたメフルーフィが、フランス代表から欠けてしまったのだ。フランスのサッカーはトップ選手を失い、サポーターは驚きのあまり声を失った[13]」。政治とサッカーの複雑な関係は、アルジェリアとフランスにおいて特に、きわめて鋭敏にかつ突出した形で出現することになる。ちなみに、この年（1958年）のスウェーデン・ワールドカップに17歳のペレが初めて出場している。

もうひとつの年号は、2001年。日付は10月6日。

この日は、フランスとアルジェリアのサッカーの「親善試合」が行われることになっていた。アルジェリアがフランスから独立して以後、初めての代表同士の試合だった。実に40年近くも、両国はサッカーの試合すらできなかった。時期も悪かった。数週間前の9月11日、アメリカで同時多発テロが起こった。フランス郊外のイスラム系の若者たちがどのような騒動を起こすか、危惧する向きもあった。何より、あの寡黙なジネディーヌ・ジダンが彼のキャリアで初めて、「フランスが負けても残念に思わない試合になるだろう」と発言し、物議をかもしていた。試合はそんな「社会的亀裂」を縫い合わせるための、ひとつの手段だった。そうなるはずだったのだ。だが、フランス代表の圧倒的優

位（4 − 1）で時間だけが経過することに痺れを切らした観客たちが（おおよそ百人と、後日報道された）終了10分前にピッチ上になだれこみ、試合は中断され、結局、試合もサスペンデッドになった。あれから17年の時間が経過しようとしている。フランス代表とアルジェリア代表の「親善試合」は、中断になったままである。

前掲のドミニク・ル＝ギュドゥの論文からこの試合について、引用しよう。

　1998年のワールドカップ以来、ジダンは統合の象徴として、メディアからも大学研究者からも、広告会社からも讃えられていた。しかしフランス＝アルジェリア戦の当日、ジダンは不幸にも『人生で初めて、フランスが負けてもがっかりしない試合になる』と日刊紙「ル・モンド」で発言してしまった。さらに、ＲＴＬラジオでも「我々フランス人、我々アルジェリ人にとって、素晴らしいイヴェントになることを期待している」と語っている。これを聞いたメディアの攻撃は素早かった。日刊紙「フィガロ」のイヴァン・リューフォルはこう書いた。「ジネディーヌ・ジダンは、自分のルーツであるアルジェリアへの愛情を隠そうとしないが、ここはひとつ、はっきり言っていただきたいものだ。自分はフランス人以外の何ものでもない、と」。

　こうした激しい苛立ちを生みだした精神状態について、歴史家のイヴァン・ガストーはこう解説する。「この試合は、彼らを受け入れる気持ちや友情を促すよりも、排除の感情を陰険に煽り立てるものとなった。どうしようもなく凝り固まった共和制の理想を振りかざして、アルジェリアという両親の国ではなく、フランスという自分が生まれた国を選べ、と迫るものだった」。両国の試合は、踏み絵として位置づけられてしまったせいで、大失敗に終わった。試合前の国歌演奏の際には、ラ・マルセイエーズに野次が飛んだ。弱い方のチームにエールを送るためだというのが、野次ったサポーターたちの言い分だ。フランスが4対1でリードしていた後半31分に、100人余りの若者がグラウンドに蕭然となだれこむという事件が起きた。その多くは「不公平なスコアへの抗議」を口にしたが、何人かは「ビン＝ラディン万歳」という挑発的な言葉を吐いた[14]。

サッカーの試合が「踏み絵」になる――という表現自体が衝撃的だが、こうした経緯があるからこそ、何よりも私は2014年のアルジェリア代表の戦い方に注目していたし、もし――もちろん「もし」という言葉がスポーツの世界で使うべきではないことを十分承知の上で書いているのだが――あの日、あのベスト16のドイツ戦で、アルジェリア代表が勝っていたら、ベスト8のフランス対アルジェリアの闘いは歴史に名を残す試合になったにちがいない、と思うのだ。

そして、その日、2014年6月30日、ポルト・アレグレにあるエスタジオ・ベイラ＝リオで午後五時にキックオフされたドイツとアルジェリアの試合は、ブラジル・ワールドカップでベストと呼ぶにふさわしい試合だった。90分戦って、スコアレスのドロー。アルジェリアのGKライスが好セーブを連発しドイツの破壊的な攻撃陣を零封する。完全なカウンター狙いのアルジェリアにも幾度か好機はあったものの、決めきれない。延長前半2分、アルジェリアの右サイドを破ったのはドイツのミュラーで、グラウンダーの折り返しに反応したシュルレがヒールでシュート。ボールは角度を変えて、ゴールネットを揺らした。ドイツ、先制。延長後半15分。試合終了直前、ドイツの勝利が見えてきた頃、すでに両チームの選手とも足が動かない。と、ドイツのエジルがアルジェリア・ゴール前の左サイドで完全なフリーの状態でボールを受ける。嘲笑うかのように中央に折り返し、シュートするもディフェンダーに跳ね返さ

れる。だがボールは再びエジルの足元へ。エジルは神のようなセーブを連発していたライスが前に出てくるのを見計らって、左足を強く振りぬく。ドイツ2点目。残り時間は延長後半のアディショナルタイム、2分のみ。だが、アルジェリア代表の選手たちはあきらめない。右側頭部に大きな絆創膏を貼ったスリマニがもつれる足をものともせずドリブルでドイツの右サイドを破り、大きくクロスをあげる。もう走力も気力も残っていなかったはずのアルジェリア代表の中で、延長前半に交代で入った（余力のある）ジャブが全力でスリマニのクロスに追いつき、左足のボレー・シュート。ドイツ代表GK、鉄壁のノイヤーの脇をすり抜けてゴール。2－1と反撃する……。

むろん試合はこのままドイツが勝利し、フランス対アルジェリアの準々決勝の夢想は潰えた。その後のドイツ代表の試合ぶり（たとえば準決勝で、7－1でブラジルを下した、どこか無機質なゴール量産マシンのようなプレーを想起しよう）を考えれば、アルジェリア代表の健闘はどれほど称賛しても足りぬほどだ。このときのアルジェリア代表監督を務めていたのが、2018年現在、日本代表監督のヴァヒド・ハリルホジッチ。延長戦を戦い終わった選手たちを絶賛したのち、号泣したと伝えられる。

現在、ワールドカップの組み合わせ抽選会は、小さな儀式めいた形で行われている。あれほど公開形式にこだわるのは、組み合わせの透明性を確保するためでもあろう。むろんすべての抽選がまったく客観的かつ公平に行われている、と信じるほど、私は素朴でもなければ若くもない。ただ、あの儀式を見ると、たとえばフォークランド紛争後にイングランドとアルゼンチンの試合を繰り返し行って二国間の緊張のガス抜きをしていたのでは、というような勘繰りはひとまず放棄しようと考える。2014年のブラジル・ワールドカップではフランスとアルジェリアの試合が実現する可能性が（かなり低くはあるものの）確実にあった。実現していたら大きな喧騒に両チームは巻き込まれただろうし、何らかの事件が起こった可能性も否定できない。しかし、ワールドカップほどの、地球規模の大会でなければ、フランスとアルジェリアの試合はもう実現できないのではないか。二つの国の人種・政治・差別の問題が複雑に絡まり合った状態で「親善試合」が期待できないいま、2014年のアルジェリアの健闘は本当に貴重な機会だったのだ。対戦国間の、複雑な歴史を露呈させ、そのうえでそうしたいっさいを配慮せずに試合を実現できる（可能性を持つ）のも、（いい意味でも悪い意味でも）ワールドカップならでは、なのである。

ちなみにアルジェリア代表は、2018年ロシア・ワールドカップの出場権を逃してしまった。

【参考文献】
1) Pascal Boniface, *Football & Mondialisation*, Armand Colin, 2006, p.125.
2) Ibid,,p.132.
3) Jean-Philippe Toussaint, *FOOTBALL*, les éditions de minuit, 2015, p.10-11.
4) Vikash Dhorasoo, *Comme ses pieds,* Seuil, p.18.
5) ジャン＝フィリップ・トゥーサン「ジダンの憂鬱」（野崎歓訳、『すばる』2012年6月号、271頁）．
6) 父はFCロリアンで長年監督を務めたクリスティアン・グルキュフ。アルジェリア代表の監督経験もある．
7) Stéphane Beaud, *Affreux, riches et méchants? Un autre regard sur les bleus*, La Découvre, 2014, p.62.
8) Ibid, p.65.
9) Ibid., p.69.
10) Ibid., p.69.
11) ドミニク・ル＝ギュドゥ「サッカー選手──フランスとアルジェリアのはさまで」（エマニュエル・ボナヴィタ訳、「ルモンド・ディプロマティック」、日本語電子版、2008年8月号）なお、引用に際して表記を若干修正した．
12) フォンテーヌはこの大会で13得点を記録、圧倒的な差をつけて得点王に輝く。この「13」という数字がその後、彼を表象する数字となる．
13) 同上論文．
14) 同上論文．

現代スポーツ評論

スポーツを考え、語る評論誌

年2回（5・11月）発行　A5版並製　定価1760円（税込）

最新号：2023年11月20日発行

書店でお取り寄せいただくか、直接ご注文ください。富士山マガジンサービス、Amazonからもご購入いただけます。

創文企画　TEL：03-6261-2855　http://www.soubun-kikaku.co.jp

49号　特集：ライフスタイルスポーツの「風景」

市井吉興　責任編集　定価1,760円（本体1,600円＋税10％）　ISBN978-4-86413-185-8

［主張］
ライフスタイルスポーツの「地殻変動」

［目次］

［座談会］
パルクールから見えるスポーツの新しい「風景」　　　　佐藤　壱、天沢事也 ほか／市井吉興

48号 〈部活〉の地域移行を考える

主な内容：[主張]〈部活〉の地域移行を考えるために（中澤篤史）[座談会]部活はどこへ行くのか―地域移行政策の可能性と課題―（内田 良/鳥沢優子/中澤篤史）[座談会]「部活動」は地域移行すべきなのか（末富 芳）■運動部活動の妖しい魅力を問い直す―「鬼ばし」と「自主性」の社会学的分析から―（下竹亮志）■「青少年のスポーツライフ・データ」における加入率をもとに―（宮本幸子）ユーススポーツにおける勝利至上主義のドグマ（溝口紀子）■学校部活動の地域移行にむけた学校体育施設の運用課題（松畑尚子）■コロナ禍における日本の運動部活動―ワールドワイドクラブ調査から―（フレッド・アリエル・フェルナンデス著/日高裕介 訳）[インタビュー]菊山直幸氏[前 公益財団法人日本中学校体育連盟専務理事/NPO法人スポーツ教育育成支援研究会理事長]中体連と部活―地域移行にどう向き合っていくのか―

47号 体育授業の古今東西

主な内容：[主張]体育授業と体育教師の変化と課題（近藤智靖）[座談会]体育授業はどこにも行きにくい：現状・課題・未来と教師教育（木原成一郎/梅澤秋久/佐藤允久/近藤智靖）[特集論文]「体育授業のイメージ」の行方―（坂本拓弥）■平成の体育改革とは何であったのか（岡田悠佑）■AI時代の体育授業 どこから来て、どこへ行くのか―（松田恵示）■障害のある子どもたちの体育授業―世界の動向と日本の「これまで」と「これから」―（清野宏樹）■校内研修における Lesson Study の国際的展開、その意義と課題（久保研二）■紛争経験国がかける体育への賠償（岡出美則）■理論を用いた保健体育科教育研究と適切な研究方法の選択についてーアメリカ留学・研究者としてのキャリアパス（久保研二）

46号 東京2020オリンピック・パラリンピックを検証する

主な内容：[主張]東京オリンピックはなぜ招致され、何を生み出したのか（石坂友司）[対談]有森裕子さんを迎えて：社会的存在としてのオリンピック・パラリンピックとスポーツ（有森裕子/石坂友司）[特集論文]東京2020大会は「ジェンダー平等」を推進したのか（山口理恵子）■東京2020における新競技採用がもたらしたもの（水野英莉）■東京大会のボランティア「問題」とは何だったのか？（金子史弥）■私たちは掲げられた「多様性と調和（unity in diversity）」のオリンピック政治問題から自由でいられるか（鳥海不二夫）■ピエール・ド・クーベルタンの言葉にもとづく東京2020大会の教育的事業の評価（和田浩一）■オリンピック・ムーブメントの主導者としてのIOCとオリンピック（黒須朱莉）

45号 サッカーから見るスポーツの現在

主な内容：[主張]「なぜサッカーが問題なのか―本特集をマッピングする―（有元健）[インタビュー]高倉麻子さん：東京2020オリンピックで見えてきたもの[特集論文]ヨーロッパ・スーパーリーグ構想とは何だったのか、そして何なのか？（陣野俊史）■女子サッカーの未来を見据える―Wリーグ発足となでしこリーグ―（束明有美）■日本のサッカー界における大学サッカーの意義とこれから（小井土正亮）■「点を取られればイングランドへ出かせせば黒人」ニューロ2020とペナルティーキックの人種的リディクス（レス・バック&テリー・ミルス、加藤聡香訳）■セクシュアリティと「女子」サッカー（稲葉佳奈子）■少年サッカーが抱える諸問題（後藤貴浩）■格差化する高校サッカーの現場（小比賀俊二）

■特集:サッカーワールドカップをめぐって

韓国におけるサッカーとナショナリズムの変容
―W杯・代表・セレブリティ―

呉　炫錫[1]

抄　録

　本稿は、戦後韓国の社会でサッカーを通じ、どのようなナショナルな言説が構築してきたのかを検討したものである。戦後、韓国の社会でのナショナルな言説の特徴は、北朝鮮に対する敵対感の表出である「反共ナショナリズム」、植民地経験による日本に対する敵対感から構築された「反日ナショナリズム」と言える。このようなナショナリズムは、サッカーにもそのまま反映されており、サッカー中継の視聴を通じてナショナリズムの構築がなされてきた。しかし、2002年W杯以後にはサッカーを通じるナショナルな言説が大きく変化してきた。これは、既存のサッカーを通じて構築されるという単純なイデオロギー的機能ではなく、消費社会の到来と多様性に基づき、新な形態のナショナルが言説が構築されたのである。このような時代的な変化とともに、サッカーを通じた新な形態のナショナルな言説が構築された。それは、グローバリゼーションという時代的な流れとともに、サッカー選手個人がセレブリティ化されていくことである。すなわち、セレブリティに関する言説がナショナリズムの構築につながっている。本稿ではパク・チソンとソン・フンミンを中心にサッカー選手のセレブリティとナショナリズムとの関係について考察した。サッカー選手のセレブリティとナショナリズムとの関係において、新たな形態のナショナルな言説の生産、サッカーファンダム文化との節合、資本主義との交錯などが発生する。すなわち、サッカー選手のセレブリティ化は、より多様で、複雑な言説を生み出しており、そこではナショナリズムの変容が生じているのである。

キーワード:韓国のサッカー、ナショナリズム、セレブリティ

---

[1]ソウル神学大学日本語科助教授

■ Japan Journal of Sport Sociology 26-1 (2018)

Transformation of Korean Soccer and Nationalism
—World Cup, National Team, Celebrity—

OH HyunSuk[1]

Abstract

　This study examines what kind of national discourse has been constructed through soccer in post-war Korean society. The characteristic of the national discourse in post-war Korean society is anti-nationalism, which is a manifestation of hostility to North Korea, and anti-Japanese nationalism, which comes from hostility toward Japan due to colonial experience. This form of nationalism has been reflected in soccer, and nationalism has been built through soccer relay viewing. However, after the 2002 World Cup, the national discourse changed through soccer. This is not a simple ideological function of establishing nationalism through the existing soccer, but a new type of national discourse based on the arrival of consumer society and diversity has emerged. Along with these changes in the times, a new form of national discourse was formed through soccer. It is going to be a trend of globalization, and the individuality of soccer players will become a reality. In other words, discourse on celebrity led to the construction of nationalism.

　The purpose of this study is to explore the relationship between soccer player's celebrity and nationalism, focusing on soccer player Park Ji-sung and Son Hung-min. The relationship between soccer player's celebrity and nationalism arises from the production of a new type of national discourse, the articulation of soccer fandom culture, and the stalemate with capitalism. In other words, the soccer player's celebrity has more diversified and complex discourse production, and the transformation of nationalism in it is being done.

Key words: Korean Soccer, Nationalism, Celebrity

---

1) Assistant Professor, Department of Japanese Studies,
Seoul Theological University

1. はじめに

2017年12月11日、東アジアカップのサッカー大会の最終日、韓国のテレビでは日韓戦の中継が行われた。この試合は、2018年ロシアW杯を向かえ、両国の戦力を点検するという性格のものであった。ところが試合前に解説者は、「地理的には一番近い国ですが、歴史的に、文化的に、情緒的に、絶対親しくなれない国が日本です。視聴者達は、日本に完璧な勝利を収めるという切なる願いで応援していると思います。」と言っている。このようなコメントは、サッカーの試合である以前に「日韓戦」というメディア・イベントにおける、オーディエンスに対する国家からの呼びかけであり、またそれを解読することは、自国に対するナショナリズムの構築の過程といえるだろう。国家対抗戦のスポーツ試合がメディアを通じて伝達される際、相手国との二項対立の関係が生じ、自国に対するアイデンティフィケーションが行われる。このような過程は、スポーツが国民にナショナリズムの高揚を引き起こす機能といえるだろう。

現代社会では、日常生活の中で自国を意識しながらナショナル・アイデンティティを確認することが多いとは言い難い。言い換えれば、ナショナリズムが確立され自明視されるようになった国民共同体では、「同胞」の存在があらためて想像されることは次第に稀になり、国民共同体は無自覚的かつ常識的な意識の枠組みとして日常生活のなかに埋没していくものとなっている[1)]。このような状況の中で、国家対抗戦のスポーツ試合は、ナショナリズムの自覚的・無自覚的な生成・再生産に重要な役割を果たすのである。国家対抗スポーツ試合の中継は、それに接することが国民の義務とみなされることはないし、あくまで娯楽のために提供される「快楽のテキスト」である。しかし、そこでは「自己」と「他者」という線引きが自明視され、自己犠牲の精神などが無批判に称揚される。したがってスポーツは、現代社会におけるナショナリズム構築の重要な装置の一つであるといえるわけだ。さらに、サッカーの場合は世界中で最も人気のあるスポーツであり、4年ごとに行われる世界最大のメディア・イベントであるW杯も存在している。つまりサッカーW杯のようなメディア・イベントを見るという行為は、何らかの形でナショナルな言説と節合され、自身のナショナル・アイデンティティを確認していく過程に組み込まれるということである。

本稿は、こうした論点をふまえ、韓国国内において韓国のサッカー代表戦や代表選手をめぐってどのような言説が生み出され、それがどのようにナショナルな言説と節合しているのかを論じるものである。戦後の韓国では、スポーツを通してナショナリズムを植え付けるような政策が行われ、それがイデオロギーとして機能してきた。その中でも特にサッカーは他国との試合を通じ、自国への愛国心を掻き立ててきたことは否定できない。しかし、時代の流れの中で社会構造の変容が生じ、サッカーをめぐるナショナルな言説も変容しつつある。本稿は、このようなナショナルな言説の変容に注目していく。

2. 戦後韓国の社会におけるサッカー

韓国でサッカーというスポーツがどのような位置を占めてきたのか。ここでは、戦後の韓国社会でサッカーがどのようにナショナルな言説の構築に寄与してきたのかを検討する。

まず、韓国社会では戦後から冷戦時代が終わるまで、北朝鮮との対立による「反共ナショナリズム」と日本の植民地支配による「反日ナショナリズム」が構築されていた。このような言説が構築された社会的背景には、国民に「韓国対北朝鮮」、「韓国対日本」という二項対立的な構図が構築されており、国家対抗戦スポーツ試合を中心にいつでも敵対感情あるいは抵抗的感

情が噴出するような雰囲気が醸成されていたことがあげられる。そうした背景のもと、サッカーを中心とした国際スポーツイベントは、国民にナショナリズムを高揚させる機能を果たしていく。

韓国の初代大統領を務めたイ・スンマンは北朝鮮との対立を背景に「反共ナショナリズム」を強調していたが、同時に反日感情を強く持っていた[2]。このような反日感情がサッカーに投影されて現れたのが、1954年スイスW杯予選である。予選で韓国は中国、日本と同じ組であったが、中国が棄権して、日本との対戦で出場権を決めるようになった。当時、W杯予選のルールは両国でホーム・アンド・アウェイが原則であったが、激しい反日政策をとっていたイ・スンマンは、日本との対戦を拒否しようとした。そこで、韓国のサッカー関係者は、イ・スンマンの側近などを説得し、日韓戦の参加に同意を得た。しかし、イ・スンマンは韓国チームの日本遠征には同意したが、日本チームの来訪は認めず、二試合ともに東京の明治神宮競技場で行われることになった。さらに、イ・スンマンは「もし負けたら、玄界灘に身を投げろ」と言った[3]。このような逸話からわかるように、イ・スンマンの時代には「反日感情」の高まりがサッカー日韓戦にそのまま投影されたのである。

こうした社会的雰囲気は、1960年代、1970年代にも続く。パク・チョンヒ元大統領もスポーツを利用して国民にナショナリズムを高揚させる政策を積極的に取っていた[4]。パク・チョンヒは北朝鮮との対立を念頭においた政策を取り、反共思想を利用してスポーツの観戦を奨励した。パク・チョンヒは、1966年ロンドンW杯で北朝鮮が準々決勝に進出したのをみて、このままサッカーを民間に任せることはできないと判断する。そして、1967年1月中央情報部イ・サンイック次長を中心に「ヤンジ（陽地）」というサッカー団を創設する[5]。ヤンジは韓国サッカー代表のチームを強化させるためのものであった。このチームは20代の選手をスカウトして軍隊式の合宿訓練を行った。当時の韓国では芝生のグラウンドは珍しいものであったが、ヤンジチームは芝生のグラウンドで練習を行い、世界各国のサッカー競技映像を輸入して選手に見せるなど、特別な扱いがなされた。ヤンジチームの創設に決定的影響を及ぼしたのは北朝鮮との競争意識であり、いうなれば反共イデオロギーの拡大・強化のためにサッカーが利用されたのである[6]。1970年韓国サッカー協会長に就任したチャン・トクチンは、「すべてをかけて、北朝鮮との対決で必勝するために、全力を尽くす覚悟である。」[7]と述べた。こうした言説からわかるように、北朝鮮への敵対心がサッカーを通じて伝達され、それが国民にナショナリズムを埋め込む機能を果たしたのである。

さらにパク・チョンヒは、パクスカップという国際サッカー大会を創設する。これは、パク政権がサッカーを通じて対外的には韓国の国際的な威信を高めるため、対内的には独裁政権を正当化し、労働者階級を督励するために作ったものである。参加国はアジアのサッカー弱小国に限られ、韓国代表が優勝するという筋書があらかじめ用意されていた。政権の狙い通りパクスカップで韓国代表は良い成績を収め、それは国民にナショナルな誇りを与えるとともに、労働搾取の不当さと暴力的な国家権力の現実を忘れさせ、かわりに祖国の近代化へのユートピア的願望を高揚させたのである。この時期の韓国におけるサッカーは、たんに国家代表の試合を観ることにとどまらず、国民の生活の中に入り込んで愛国心や誇り、生産意欲などといった情緒的な領域にまで転移しながら、持続的な支配効果を発揮してきたのである[8]。

しかしながら同時に、パク政権時代にも日本を敵視する社会的雰囲気があり、それはスポーツの観戦でそのまま再現された。ファン・ソンビンは、韓国サッカーにおける日本への対抗意識は植民地時代に始まっており、それが「植民

地－帝国」の関係を繰り返し再生産していると指摘している[9]。1979年韓国サッカー協会広報部長ソン・キリョンは次のように述べた。

> 70年代までのサッカー日韓戦は国民の恨みを晴らす場所としてみなされるほど、韓国が一方的に優勢だった。……ところが、1979年3月日韓定期戦が東京で開かれ、接戦の末2対1で負けてしまった。帰国してからすぐ監督が更迭され、ドイツブンデスリーガに進出していたチャ・ボングン選手を復帰させよという世論が盛り上がった[10]。

このような言説が示唆しているのは、日本への抵抗心・敵対心を背景として韓国サッカーに根付いている「対日本必勝主義」である。つまり、植民地の経験という過去の傷が繰り返し再生産され、それが日韓戦にそのまま投影されるのだ。イ・トンヨンは、韓国では、歴史的なトラウマとしての日本コンプレックスが、サッカーを通じて「対日本必勝コンプレックス」として表れていると主張した。彼は、サッカー日韓戦をめぐる言説の分析を行い、両国に存在する対日本、対韓国コンプレックスを比較しながら、韓国の対日本コンプレックスが孕むイデオロギー性を批判している。イ・トンヨンは、韓国のサッカーにおける対日本コンプレックスは、植民地化という歴史的な傷から始まったことを強調し、それは歴史的経験によって構築された虚偽意識であると述べる。すなわち、韓国のサッカーにみられる「日本には絶対負けられない」という考え方は、日本を政治的に支配したことがないという歴史的特性に起因するのである。こうした虚偽意識は逆説的に韓国の政権にとって重要である。なぜならそれは、国民を民族と国家の前に服従させるイデオロギー装置として使えるからである[11]。すなわち、韓国のサッカーは、個人に過去の民族の歴史問題を賦課し、競技の結果をもって愛国心に訴えてきたのである。このような民族的感情を顕在化させるメカニズム自体が、民族という想像上のアイデンティティを生産して国民を民族と国家に服従させる、政権にとってのイデオロギー的機能を果たしたわけだ[12]。

したがって、韓国でサッカーを見るという行為は、単純にスポーツの楽しさを追求するものではないと言わざるを得ない。韓国のサッカーは、歴史的経験と強く結びつき、ナショナリズムと節合する形で政治的に機能してきたのである。

3. 2002年W杯に関する言説

では、韓国のサッカーをめぐる「反共ナショナリズム」と「反日ナショナリズム」は、2000年代に入って、どのように変容してきたのか。この問題について議論するためには、1990年代の韓国の社会に何が起こったのかについて考えてみる必要がある。周知のように、1990年代の韓国社会は、冷戦時代が終わり、グローバリゼーションが進み、既存の価値観が大きく変化した時期である。そしてこのような社会状況の変化に伴い、スポーツとナショナリズムとの関係にも変化が生じたのである。ポストモダニズムとして語られるような既存の社会構造の解体が進行し[13]、社会が多様な価値観を許容し始めると、サッカーというスポーツは国家のイデオロギー的機能を果たすだけでなく、これまでとは質的に異なるナショナルな言説を生み出し始めたのである。

このような社会的状況が典型的に表出したのは2002年日韓共催のW杯だといえる。2002年W杯は両国での応援の盛り上がりが世界の注目を浴びたメディアイベントである。特に、韓国代表チームは予想外に準決勝まで勝ち進み、街頭での爆発的な応援ぶりが大きな話題になった。この応援をめぐって多くの論者が分析を試みたが、それらは大きく二つの傾向に分類しうるだろう。一つは、2002年W杯の街頭応援をナショナリズムの高揚の場として分析す

る議論である。もう一つは、社会構造の変化に注目し、街頭応援を祝祭として、あるいは自発的な応援の場として分析する議論である。

ナショナリズムの高揚の場としての分析は、それまでのサッカー研究でなされたように、サッカーを通じたナショナリズムの構築を指摘し、それが持つイデオロギー機能を批判するものである。例えば、韓国を代表する人権運動団体「人権運動サランバン」は、2002年W杯の「レッドデビルズ」[14]現象を「ファシズムの症候」として把握している。

　　現代社会においてスポーツはすでに単なるスポーツではない。それは産業化された「セックス」とともに帝国主義の植民地に対する、または独裁政権の大衆に対する愚民政策の一貫として利用され、大衆の脱政治化を大々的に行ってきた。今、我々は、スポーツに対する大衆の熱狂が誰の利益に奉仕しているのかをきちんと認識しなければならない。……あえて言うならば、「レットデビルズ」現象には大きくうねる国家主義と盲目的愛国心があるのみである。正義に対する熱望ではない、勝利に対する熱狂があるのみで、体制に対する順応、政治的無関心、そして人間の主体性を殺す群衆心理があるのみである。「レッドデビルズ」現象はファシズムを可能にする病的現象である。……「レッドデビルズ」現象は、決して「自発的」なものではない。どんな支配勢力であれ、自身の伝統性を誇示し、大衆の批判意識を麻痺させるための大衆動員は必須である。軍事独裁政権時代に、この動員は民衆人事、マスコミ、国民に対する強制と恐怖によってなされた。しかし、すべての統治が批判勢力の大規模な体制化を通じて行われる現在、大衆の動員は堅い既得権勢力として成長した巨大なマスコミを通じてなされる。巨大メディアが国民に国家主義をあおらずにどうやってこんな現象が可能となるのであろうか[15]。

この声明において、2002年W杯での応援はナショナリズムと密接に結びついており、ファシズムの可能性さえ持つものだと解釈されている。また、2002年W杯をめぐる言説を分析したクォン・ヒョクボムも、韓国のサッカー街頭応援をナショナリズムの高揚の場として捉えている。彼は「レッドデビルズ」現象を韓国社会に突然現れたナショナリズムだとみなし、かつての歴史的文脈におけるスポーツを通じたナショナリズムの構築がそのまま再現されたと論じる。クォン・ヒョクボムはそのW杯の際に国民の秩序意識がうまく統制されたことを例としてあげながら、韓国社会において民主主義と多元主義は発展した一方、社会の根本的なところには根強い集団意識が存在していることを指摘する。さらに彼は、このような現象に対して、メディアと知識人の批判意識が欠如していることについても批判している[16]。

しかし、このような議論は、1990年代以後の韓国社会の変容を適切に評価していないと考えられる。少なくとも冷戦の終焉やグローバリゼーションの進行などの社会的変化を考慮すると、より多元的な解釈が必要とされるだろう。

ここで、2002年W杯の街頭応援を社会構造の変化に基づいて分析したものを取り上げてみよう。ホン・ソンテは、次のように語っている。

　　1960年代に西欧諸国がそうであったように、韓国は1990年代に消費社会に入った。……消費社会は単に多くの人々が物質的な豊かさを享受するのみでなく、大衆個人個人が自分たちの生活の趣向を重要視する価値観をもたらした。このような個人主義の変遷を通じて、公共性の重要性が新たに浮かび上がってきたといえる。……このような点から、消費社会こそ「レッドデビルズ」現象を作り出した最も重要な構造的基盤であるといえる。消費社会は、韓国の数多くの人々を「レッドデビルズ」に作り上げるものを築き上げたの

である。まるで暴風雨のように「レッドデビルズ」現象は起こった。しかし、この現象は我々が特別な遺伝子や民族性を持っているゆえに起こった現象ではない。この現象は驚くべきものではあるが、あきらかに社会的根源を持っており、社会的に説明されるべきひとつの社会的現象である。……[17]

こうした議論が踏まえているのは、かつての韓国では近代的国民国家システムにおける「万人平等」や「主権在民」の原理が十分に機能していなかったが、現在では社会構造の変容によって新たな動きが芽生えているということである。さらにチョ・ヘジョンは、2002年W杯現象をより能動的、抵抗的な観点から分析した。

> ワールドカップは、韓国人自らが自分を好きになってもよいということを感じることができた重要な空間であった。その空間は、新世代と旧世代が韓国で生まれたことを誇りに思っていた韓国人とそれを躊躇していた韓国人、そして外国人労働者と同胞、そして全く見ず知らずの外国人とともにみんなが一つになって「互い」を認め合った時間であった。……強制された近代化を経た社会の住民らにとって、それはめったに経験できない「下からの国民づくり」という体験の一種であったのだ。私はなによりも、ワールドカップの街頭デモを中心とした今回の大韓民国内の動きは、労働の存在ではなく、快楽の存在としての自分を発見したという点で革命的であったと考える。そして、自らの楽しむ存在としての姿を演出したのは若い世代であった。……「生産主義」世代は、今回のワールドカップの街頭で応援する人々を見ながらはじめて「消費主義」的快楽の身体がいかに美しいかを発見した。「イデオロギー世代」が「欲望の世代」をみながら希望を感じた初めての瞬間であったといえよう[18]。

このような議論から、2002年W杯を契機として「反共ナショナリズム」と「反日ナショナリズム」という単純な図式ではなく、ナショナルなものをめぐる新たな語りが生じてきたことがわかる。すなわち、自国中心のイデオロギー的ナショナリズムではなく、より多様化された、あるいは複雑な社会構造へと変わりつつある韓国社会のあり方が反映されたナショナリティの表明である。

4. 韓国のサッカーとセレブリティ

では2002年W杯以後、韓国のサッカーをめぐってどのような語りが生まれてきたのだろうか。上述のように韓国社会は多様化し、それに伴ってナショナリズムのあり方も多様化しつつある。既存の「反共ナショナリズム」や「反日ナショナリズム」とは異なる、新たなナショナルな言説とはどのようなものだろうか。もちろん、W杯のような国家対抗戦が、相手国との二項対立的な競争を通じ、国民にナショナリズムを呼びかけているのは間違いない。しかしながら、変化が著しい現代韓国社会において、サッカーが様々な社会的文脈でナショナルなものと節合される状況が生まれているのである。

2000年代以降の韓国社会の変容についてまず考えなければならないのは、グローバリゼーションによる社会的変化である。一般的にグローバリゼーションとは、国境を超えるヒト・モノ・カネ、そして情報や技術の動きの拡大を意味し、そうした越境的な状況を指す言葉である[19]。グローバリゼーションのもと、個々人は移動性、情報の多様化などの新たな社会的文脈で、自分のアイデンティティの変化を経験しているといえる。そこでは、ローカリズムとナショナリズムが交錯しながら新たなアイデンティティが構築され、さらにインターネットの普及とメディアの多チャンネル化によって、既存のものとは異なるナショナルな言説が生み出されている。

ここではセレブリティ（celebrity）という概念を中心に、そうした変化を論証していこうと思う。一般的に、グローバリゼーションが進むとナショナリズムが衰退するか、あるいは逆にグローバリゼーションへの反発によって排他的ナショナリズムが強化されるといった、グローバリゼーションとナショナリズムのコンフリクトが指摘される[20]。しかしそうした対立図式とは異なる現象がサッカーをめぐって生じている。それがセレブリティ現象である。グローバリゼーションに伴い、サッカー選手も世界各地の名門サッカークラブに移動し始めるようになる。そして世界的なセレブの地位を持つようになったのである[21]。ここでいうセレブリティとはたんに資本主義的論理で生産される文化的商品であることにとどまらない。ある特定のサッカー選手が文化的商品になるということは、その選手が当該の国民の欲望を作動させる価値を表現しており、その国民にナショナルアイデンティティを呼び起こす社会的な表象となることを意味する。例えば、海外に進出しセレブリティ化された選手は、自分が所属している社会のみでなく、多様なファンが属している社会の価値あるいは言説に囲まれ、それらとの節合が発生する存在として理解されるべきである[22]。このような状況は、これまでの韓国社会では見られなかったことである。既存のサッカーをめぐるナショナルな言説は、自国対他国という二項対立的な構図で、相手との競争を通じて自国に対するナショナリズムを構築していくものだった。「反共ナショナリズム」は韓国対北朝鮮、「反日ナショナリズム」は韓国対日本という図式の中で、オーディエンスは選手の活躍ぶりに熱狂しながら、徹底的に他国を差異化していくわけだ。ところが、海外に進出したサッカー選手のセレブリティ化によって、自国対他国という図式ではなく、個人対世界という図式において新たなナショナルな言説が生み出されることになる。もちろん、特定のサッカーセレブリティが自国代表として参加する際、オーディエンスにおいて他国との対戦を通じた自国への同一化が行われることもある。だがセレブリティをめぐるナショナルな言説はそこには回収しえない要素を孕んでいるのだ。以下ではパク・チソン（朴智星）元韓国代表選手とソン・フンミン（孫興慜）現韓国代表選手を事例としてそれを論じていく。

パク・チソンは、2000年代の韓国サッカーを代表する選手である。2000年から2002年まで京都パープルサンガでプレーし、2003年オランダリーグPSVアイントホーフェンに移籍する。その後2005年6月イングランドプレミアリーグの名門マンチェスター・ユナイテッドに移籍して、活躍した。アジア人選手として初めてUEFAチャンピオンズリーグのトロフィーを手にした選手である。2000年代を通して韓国代表に名を連ね、2002年、2006年、2010年W杯では中心選手として活躍する。2000年代以後、サッカー市場におけるグローバリゼーションが進み、新たな市場としてアジアが台頭すると、韓国と日本の選手がヨーロッパリーグに進出することが目立つようになった。そこには選手の能力が向上したことだけでなく、韓国と日本の選手移籍をめぐってグローバルな資本投資が行われたことも否定できない。こうした状況において、グローバルなセレブリティの地位を獲得したのがパク・チソンであった。

では、パク・チソンをめぐるメディア言説はどのようにナショナルなものと節合しているのだろうか。まず考えられるのは、パク・チソンという選手が「真面目さ」、「勤勉さ」という言葉で表象されるということだ。こうした表象は、「韓国人サッカー選手＝勤勉」という図式を通じ、文化的ナショナリティをオーディエンスに想像させる。こうした図式は韓国社会における支配的価値観と結びついており、ナショナルな言説との節合であるといえるだろう[23]。だが、このようなナショナルな言説の構築は、スポーツをめぐって普遍的に生じる現象だともいえ

表1 オランダ、PSVで検索した結果

	2001年	2002年	2003年	2004年	2005年	2006年
ハンキョレ	2件	20件	36件	34件	77件	22件
国民日報	2件	23件	67件	30件	68件	18件

表2 マンチェスター・ユナイテッドで検索した結果

	2004年	2005年	2006年	2012年	2013年	2015年
ハンキョレ	80件	199件	282件	271件	172件	94件
国民日報	10件	153件	140件	126件	272件	70件

る。すなわち、ある社会の支配的価値観がスポーツに投影され、それがナショナリズムに結びつくということだ。しかし、パク・チソンをめぐる言説は、グローバリゼーションと結びつきながら、別のナショナルな言説を生み出している。表1と表2[24]はパク・チソンが所属したヨーロッパのクラブに関する新聞記事件数の変遷を示したものである。

表1と表2をみるとわかるように、海外サッカーリーグに関する記事の変動は完全にパク・チソンの所属によって動いている。オランダのPSVは、パク・チソンが入団する前の2001年ではほとんど扱われていない。そして、パク・チソンの入団情報が流れた2002年から急増し、マンチェスター・ユナイテッド、に移籍してからは激減する。一方、世界的に有名なマンチェスター・ユナイテッドに関する記事もパク・チソンの入退団に伴い大幅に増減する。これが意味するのは次の事態である。韓国のオーディエンスは、サッカーのグローバリゼーションに巻き込まれるかたちでヨーロッパのリーグに関心を持ったが、それを牽引していたのはパク・チソンという"私たちの"サッカーセレブリティだったということだ。こうしたメディア状況では、個人化されたパク・チソンと世界との二項対立の中で韓国（韓国人）という表象が消費され、その結果、代表チームという集合性ではなく個人を通じたナショナリズムの構築が行われているのだ。このような構図は、「反共ナショナリズム」や「反日ナショナリズム」とは明らかに異なる。つまり、国対国の構図ではなく、脱集団的あるいは個人主義を中心とするナショナルな言説の構築である。通常プロサッカー関連記事の内容は勝敗を中心に展開される。しかし、パク・チソンの海外クラブに関する記事は、所属チームの勝敗よりもパク・チソンが出場しているかどうか、あるいは出場した場合、彼がどのような活躍をしたかに集中する。そこでメディアが描く表象は"世界の舞台で活躍している韓国人"であり、オーディエンスはそのように個人化されたセレブリティを消費することでナショナルな自己同一化を行うのである。それはセレブリティ化されたナショナリズムと呼べるだろう。

しかし、このようなセレブリティ化されたナショナリズムが既存のナショナリズムとコンフリクトを引き起こすことも事実である。2010年12月、2011年カタールドーハで開かれるサッカーアジアカップにパク・チソンを招集するかどうかについて、メディアで話題になったことがある。

"パク・チソンをアジアカップのメンバーから除外してくれ。"、「酸素タンク」パク・チソンが最近絶好調の競技力をみせて、連日所属チームで大活躍をしながら、サッカーファンの中でアジアカップの出場に対する賛否論議が拡散している[25]。

当時、インターネット上ではパク・チソンの代表チーム招集についてサッカーファンの激論が展開された。この時期、パク・チソンはマン

チェスター・ユナイテッドで活躍していたが、膝の状態も良くなく、代表招集の際の長距離移動も負担となった。さらに、そろそろ代表から引退を考えているという噂も流れていた。ところが、アジアカップでの招集に関する主な意見は、W杯より小規模とはいえ、国家代表の試合であるからにはパク・チソンも当然呼ぶべきであるというものだった。このような言説は、これまでも国家代表招集をめぐって繰り返し生み出されたものである。すなわち、個人の都合より、国家の呼びかけには当然応じるべきという雰囲気が社会に強く根付いているわけだ。しかしネット上では、パク・チソンの招集に反対し、自分のチームに集中することを強調する声もあった[26]。このような意見は、国家代表チームよりパク・チソン個人が優先されるべきだと主張しており、そこでは一見ナショナリズムとの決別が表明されているようでもある。しかし重要なのは、実のところそうした言説は別のあり方でのナショナルアイデンティティの構築を示唆しているということである。すなわち、国家代表対国家代表のスポーツイベントを介さずとも、グローバルに活躍する"自国の"セレブリティを応援することを通じてナショナルな欲望を充足しうるのである。セレブリティ化されたパク・チソンをめぐって個人化されたナショナルな言説が生産され、それが多くのオーディエンスによって消費されたのである。

このようなパク・チソンの代表招集をめぐる議論から読み取れるのは、一方ではセレブリティがナショナルな言説にとって代わり、個人主義の言説に帰着することである。しかし、同時にパク・チソンというセレブリティは、別の形でナショナリズムと結びつくのである。グローバリゼーションの進行の中で、スポーツ選手のセレブリティ化は新たな形でナショナリズムの生産、消費のプロセスを導いており、そこで生み出される言説は、より多様化し、複雑化しているわけである。

一方、ソン・フンミンはパク・チソンの引退後、現在韓国を代表するサッカー選手の一人である。彼は、パク・チソンと異なり、小学校、中学校などで正式なサッカークラブに所属せず、父親からサッカーを学び、高校も中退してドイツで活動した。すなわち、ソン・フンミンは韓国の制度的な枠の中でサッカーを学んで成長した選手ではないのだ。彼は現在イングランドの名門クラブであるトッテナムでレギュラーとして活躍している。現在韓国チームの中心選手であり、2018年ロシアW杯のアジア予選でも大活躍をしており、トッテナムでの活躍も連日メディアで報じられている。メディアでのソン・フンミンに対する扱いは、パク・チソンと同様に完全にセレブリティ化されたものだ。すなわち、ソン・フンミン個人の話題がクラブの成績よりも先行し、クラブの報道量も彼の移籍によって大きく変わっていく。これはセレブリティ化されたナショナリズムの典型的な事例である。そしてこのセレブリティ化されたナショナリズムが既存のナショナリズムと複雑な交渉関係にあることを示すのが、彼の兵役をめぐる言説である。周知のように韓国は成人男性に対して兵役を義務付けている。ただし、スポーツ選手の場合はオリンピックやアジア大会でメダルを取ると兵役が免除される可能性がある。ところが、ソン・フンミンはそのチャンスを何度も逃し、今も兵役入隊の問題が残っているのである。それに関するメディアでの報道やネット上の反応は様々でありながらも、昔とは明らかに異なる言説を生み出している。例えば、1980年代にドイツブンデスリーガで活躍したチャ・ボムグン（車範根）は、1978年の兵役服務中にドイツのクラブへ入団したが、兵役を終えていなかったので途中で韓国へ帰国した[27]。彼は帰国して残っていた兵役期間を終え、再びドイツへ行って活躍したのである。当時の韓国社会は個人より国家が優先され、兵役制度は何よりも重要視されていた。サッカー選手はそれに従う他なかったし、オーディエンスもまたそれを疑うことはなかったのである。しかし、ソン・

フンミンの兵役問題をめぐっては、国家の優先順位が揺らいでいることがわかる。以下はソン・フンミンの兵役問題に関するネット上での意見である。

　　……"軍隊行って来たら、EPLは難しい。""軍隊免除は、彼のような人になってほしい。国籍を放棄する国会議員とは次元が違う。""兵役法を改正して何とかならないのか。""必ずソン・フンミンは免除させるべき。"……"でも兵役の問題は冷静に"、"韓国は休戦国だ。だから、軍隊は万人の義務規定だ"、"国家のために個人の仕事はちょっと休むべき"……[28]

これらの意見は、個人の成功が優先されるべきか、それとも国家の義務が優先されるべきかをめぐる議論のように見える。しかし実際のところ交渉されているのは、「兵役」という国家装置を媒介としたナショナリズムが優位なのか、それともイングランドプレミアリーグという資本主義がしつらえたスポーツの舞台で活躍する自国のヒーローに同一化するナショナルな快楽が優位なのかということなのだ。ここでは既存のナショナリズム、サッカー選手のセレブリティ化とグローバルなメディア・アイコンとしてのその価値、そして資本主義のもとでそれを消費するナショナルな快楽などが複雑に絡んでいるわけである。ソン・フンミンというメディアテクストに対して、オーディエンスは多様な読みを行っているのだ。

5.　結びにかえて

今年6月にはロシアでW杯が行われる。おそらくまた韓国のメディアはサッカーをめぐるナショナルな表象を伝え続けるだろう。最後に現代の韓国代表チームをめぐる新たな言説を一つ紹介して本論を閉じたい。日本もそうであるが、韓国も非常に多くの選手がいまや海外で活躍している。それに伴って代表招集の際に海外組と国内組という表現がよく用いられるようになり、これもまた日本と同じように、チーム内での海外組と国内組との調和や確執が話題となっている。また監督によっては海外組を偏重することが問題になることもあった[29]。ロシアW杯の予選中、ドイツ人監督ウリ・シュティーリケが成績不振で更迭されが、彼は海外組に依存した選手起用をすることで批難が相次いでいた。特に問題になったのが、ロシアW杯予選で中国サッカーリーグ所属の選手、いわゆる「中国派」中心の守備陣を構成したことである。

　　シュティーリケ監督は、メンバー発表で相変わらず中国リーグの選手達を入れた。所属チームでの活躍を大事にするシュティーリケ監督にしては矛盾するところである。……（彼ら）リーグ開幕以降出場していないが、プレシーズンの活躍により選抜したそうだ[30]。

ここで重要なのは、いわゆる「海外組」をヨーロッパでプレーする選手と中国リーグでプレーする選手に分けて議論が進んでいることだ。海外組はセレブリティ化されるとはいえそこでも格付けが行われており、中国リーグ（あるいはJリーグ）でプレーする選手はヨーロッパ組とは別枠で論じられ、ランクが低いものとして定義されるのである。その格付けはサッカーのグローバルな地政学を反映するものであると同時に、サッカーの文脈を越えた地政学と無縁ではない。「中国派」の選手が多く名を連ねる代表チームを批判したくなるのは、その選手個々人の能力の問題よりも、中国という国家に対する印象がそこに投影されるからである。このように、ロシアW杯を視聴するオーディエンスにおいて韓国代表がナショナルアイデンティティを焦点化する要素となるとき、そこにはグローバルなサッカー市場とその地政学を背景として自国の選手の活躍を欲望するという複雑なプロセスが演じられるのである。

現代韓国のサッカーは、グローバル資本主義、セレブリティ、視聴の快楽などが様々な形で絡みあい、既存の価値観と交渉しながらナショナリズムを構築している。現在進行中のスポーツメディアの多様化・多次元化を考えると、今後こうしたプロセスがさらに複雑化し変容していくことは間違いないだろう。これが2018年ロシアW杯、そしてその後をより詳しく見守っていかなければならない理由なのだ。

※本稿の執筆は2018年度ソウル神学大学の学内研究助成金で行われたものである。

【注】
1) Billig, M. 1996, *Banal Nationalism*, Sage Publication, p.77.
2) イ・スンマンの反日感情に関する詳しい議論については、パク・テギュンの研究を参照（パク・テギュン，2001，pp.98-119）。
3) 後藤健生，2002，pp.80-81.
4) イ・ハクレ，キム・チョンヒ，1999，「パク・チョンヒ政権の政治理念とスポーツナショナリズム」『韓国体育学会誌』（原典は韓国語），pp.22-35.
5) ファン・ビョンジュ，2002，p.148.
6) ファン・ビョンジュ，前掲書，p.149.
7) 『月刊サッカー』，1970年4月号（原典は韓国語），p.25.
8) パクスカップに関してはイ・トンヨンの議論を参照（イ・トンヨン，2002年，p.203.）。
9) ファン・ソンビン，2003，p.33.
10) カン・チュンマン，2006，p.146.
11) イ・トンヨン，1998，pp.192-194.
12) イ・トンヨン，前掲書，p.194.
13) ウォン・ヨンチン，1996，p.267.
14) 「レッドデビルズ」は、1983年メキシコ青少年サッカー大会で韓国チームが四強進出を決めた時、そのユニフォームの色が赤だという理由から、同チームに対する名称であった。しかし、本稿で言う「レッドデビルズ」とは、2002年W杯の際、街頭で赤いTシャツを着て集まった多くの人を指す。（呉炫錫，2004，pp.113-114）
15) 人権運動サランバン，2002年6月22日，「レッドデビルス現象をあおるな」（原典は韓国語）.
16) クォン・ヒョクボム，2002，p.89.
17) ホン・ソンテ，2002，pp.44-45.
18) チョ・ヘチョン，2002，pp.36-37.
19) 伊豫谷登士翁，2002，p.43.
20) 韓国産業社会学会，1998，pp.346-347.
21) 本稿で言うセレブリティに関する概念は、キム・スチョンの議論を参照した。彼女は、セレブリティとスターを区別して説明を行った。スターは「カリスマと才能（演技や歌などのような技術者）を持っている有名人」というニュアンスであるが、セレブリティには、「メディアが作った有名人」という中立的なニュアンスがあると述べる。（キム・スチョン，2014，pp.78-79.）本稿でもスターという言葉より、より包括的な意味を持っているセレブリティという言葉で議論を進める。
22) キム・スチョンは、セレブリティが持つ社会的機能を大きく三つ取り上げている。一つは、セレブリティを通じて大衆がパラソーシャルな相互関係を持つことであり、この過程によって現代社会における共同体の喪失感や変容が埋め合わされる。特に、衰退化する西欧の社会システムではセレブリティ文化こそ社会統合機能を遂行する。二つ目は、セレブリティが文化的アイデンティティを構成することにより強力な交渉の場を提供することである。すなわちセレブリティは、個人がスペクタクル化されるシステムでありながらも、集団的アイデンティティを構成する場でもあるということだ。三つ目は、セレブリティは記号として作動しているが、それが全面的に働くこともあれば隠蔽されることもあるため、様々な言説との節合が生じるメカニズムとなっていることである。（キム・スチョン、2014，pp.80-81.）
23) 呉炫錫，2009，pp.92-93.
24) 新聞記事の検索は検索サイトKindsを利用した。（https://www.bigkinds.or.kr/main.do）
25) 『朝鮮日報』，2010年12月14日（韓国版）.
26) http://cafe.daum.net/WorldcupLove/IC6M/5017697?q=%B9%DA%C1%F6%BC%BA+%BE%C6%BD%C3%BE%C8%C4%C5+%C2%F7%C3%E2（www.daum.netのカフェI love scooerでの掲示板を参照）
27) 『東亜日報』，1979年1月8日（韓国版）.
28) 『毎日新聞』，2017年5月19日（韓国版）.
29) 2011年韓国サッカー代表趙・広来（チョ・グ

ァンレ）監督は、任期途中で更迭されたが、その原因の一つが海外組に対する高い依存度による選手間での違和感などであった。（『ノカットニュース』，2011年12月8日，韓国版）．

30)『東亜ドットコム』，2017年3月13日（韓国版）．

【文献】

伊豫谷登士翁，2002，『グローバリゼーションとは何か』，平凡社．

呉炫錫，2004，「韓国のサッカーとナショナリズム」『社会分析』，日本社会分析学会，pp.113-114.

――，「サッカー中継のオーディエンスにみられるナショナル・アイデンティティ―日韓比較分析を事例に」，九州大学大学院比較社会文化学府博士論文，2009年．

後藤健生，2002，『日本サッカー史代表篇』，双葉社．

ファン・ソンビン，2003，「W杯と日本の自画像、そして韓国という他者」『マス・コミュニケーション研究』，日本マスコミュニケーション学会，pp.23-39.

イ・トンヨン，1998，「スポーツ、スペクタクル、そして支配効果」『スポーツ、どのように読むものであるが』，サンイン出版社（原典は韓国語），pp.192-194.

イ・トンヨン，2002，「レッドデビルスとサポーターズ文化」『当代批評』，サンイン出版社（原典は韓国語），p.198-215.

イ・ハクレ，キム・チョンヒ，1999，「パク・チョンヒ政権の政治理念とスポーツナショナリズム」『韓国体育学会誌』（原典は韓国語），pp.22-35.

ウォン・ヨンチン，1996，『大衆文化のパラダイム』，ハンナレ出版（原典は韓国語）．

韓国産業社会学会，1998，『社会学』，ハンウルアカデミー（原典は韓国語）．

カン・チュンマン，2006，『サッカーは韓国だ』，人物と思想社（原典は韓国語）．

キム・スチョン，2014，「超国家的スター形成での記号戦略と意味作用：日本でのチャン・クンソク」『韓国放送学報』（原典は韓国語），pp.74-115.

クォン・ヒョクボム，2002，「ワールドカップ『国民祝祭』ブラックホールに吸い込まれていった『大韓国民』」『当代批評』，サンイン出版社（原典は韓国語），pp.62-89.

『月刊サッカー』1970年4月号，（原典は韓国語）．

人権運動サランバン，2002年6月22日，「レッドデビルス現象をあおるな」（原典は韓国語）．

チョ・ヘチョン，2002，「FIFAのワールドカップを超えて：一次的自律空間、転覆的時間空間」『当代批評』，サンイン出版社（原典は韓国語），pp.24-47.

パク・テギュン，2001，「反日を通じる別の日本になること―イ・スンマン大統領の対日認識」『日本批評』，ソウル大学日本研究所（原典は韓国語），pp.98-119.

ファン・ビョンジュ，2002，「パク・チョンヒ時代のサッカーと民族主義：国家主義的な動員と国民形成」『当代批評』，サンイン出版（原典は韓国語，pp.145-167.

ホン・ソンテ，2002，「ワールドカップ、レッドデビルス、それを取り巻く物語」『FIFAのワールドカップを超えて』，2002 KOREA-JAPAN SYMPOSIUM発表論文（原典は韓国語），pp.25-54.

Billig, M. 1996, Banal Nationalism, Sage Publication.

https://www.bigkinds.or.kr/main.do

http://cafe.daum.net/WorldcupLove/IC6M/5017697?q=%B9%DA%C1%F6%BC%BA+%BE%C6%BD%C3%BE%C8%C4%C5+%C2%F7%C3%E2

『朝鮮日報』，2010年12月14日（韓国版）．

『東亜ドットコム』，2017年3月13日（韓国版）．

『東亜日報』，1979年1月8日（韓国版）．

『ノカットニュース』，2011年12月8日，韓国版）．

『毎日新聞』，2017年5月19日（韓国版）．

『ノカットニュース』，2011年12月8日，韓国版）．

■原著論文

主体的なスポーツ組織論の理論構成とその意義
―行為者の主体性との関連から―

笠野　英弘[1]

抄　録

　本稿の目的は、制度論の限界を克服する主体的なスポーツ組織論の理論構成を提示し、その意義を論じることである。

　制度論では、スポーツ制度によって行為者の社会的性格が形成される論理が示されているが、そのスポーツ制度を形成・変革する主体がみえ難い。また、社会的性格形成過程における行為者の主体性の発揮を把握する枠組みも不足している。すなわち、スポーツ制度を形成・変革する主体と行為者の主体性を把捉する理論的枠組みの欠如が制度論における限界として捉えられる。

　そこで、制度論と主体的社会化論を援用しながら、スポーツ組織をスポーツ制度や行為者の社会的性格を形成・変革する積極的な主体として位置づけるとともに、行為者の主体性を把捉することが可能な主体的なスポーツ組織論の可能性を提示した。

　この主体的なスポーツ組織論においては、スポーツ組織と行為者の両者の主体性を把捉することが可能であり、また、マクロな視点とミクロな視点を包摂するメゾ的視点を提供する意義がある。

　主体的なスポーツ組織論では、愛好者の組織化が求められるこれからのスポーツ組織において、特に愛好者が主体性を発揮して積極的にスポーツ組織に働きかけると同時に、スポーツ組織も、登録者に限らず未登録者の要求を積極的に制度形成・改革に反映していく姿勢が求められる。

キーワード：スポーツ組織、社会的性格、主体性、制度としてのスポーツ論、主体的社会化論

1）山梨学院大学スポーツ科学部　　　〒400-8575 山梨県甲府市酒折 2-4-5
　　　　　　　　　　　　　　　　　　E-mail: h-kasano@ygu.ac.jp

Theoretical Framework of a Theory of Sport Organizations as Subjects and Its Significance:
Subjecthood of Sport Participants

KASANO Hidehiro[1]

Abstract

This paper reveals the theoretical framework of a theory of sport organizations as subjects and highlights its significance. This theory is intended to overcome the limitations of the theories of sport as an institution.

In the theories of sport as an institution, even if one accepts that sport participants' social character is influenced by sport institutions, this does not necessarily explain the perspective from which reform takes place. In other words, who initiates a change? In addition, a framework that grasps sport participants' actions on subjecthood in the theories of sport as an institution is also absent.

In the theory of sport organizations as subjects, sport organizations are positioned as subjects that shape the social character of sport participants through the formation and reformation of sport institutions. By integrating the active theory of sport socialization into the theories of sport as an institution enables us to grasp sport participants' actions on subjecthood in the theory of sport organizations as subjects.

This contributes significantly towards the creation of the theoretical framework of the theory of sport organizations as subjects. Moreover, the theory integrates micro as well as macro viewpoints.

In the theory of sport organizations as subjects, sport participants' actions on subjecthood is necessary for organizing them and sport organizations need to meet their demand.

Key words: sport organization, social character, subjecthood, theory of sport as an institution, active theory of sport socialization

---

[1] Faculty of Sport Science, Yamanashi Gakuin University

2-4-5 Sakaori, Kofu city, Yamanashi 400-8575, JAPAN
E-mail: h-kasano@ygu.ac.jp

I はじめに

1. 問題意識

　近年、収賄や助成金・補助金の不正受給、体罰やセカンドキャリア問題等、スポーツに関わる様々な問題の解決がスポーツ組織に求められるようになってきている。また、それらの問題を解決するために、特に企業組織や教育組織でも同様に指摘されるガバナンス、コンプライアンス、マネジメント機能の強化、人間形成等の企業経営や教育の観点からスポーツ組織改革が叫ばれている。しかし、佐伯［2004：59］が指摘するように、未組織化によっていたずらに消費されている愛好者のスポーツエネルギーを「有効に組織化し、社会的なスポーツパワーに変換する仕組み」を構築していくことがスポーツ体制の重要な役割かつ存在意義の1つであるとすれば、これまでの「競技者のみの組織」［鈴木，2006：110］から、愛好者を含むスポーツ行為者全体をどのように組織化していくかを考えることが、企業組織の課題でも教育組織の課題でもなくスポーツ組織の克服すべき課題であるといえよう。

　愛好者を組織化するということは、単にスポーツ組織に競技者として選手登録をさせることではなく、愛好者のまま組織化することである。愛好者を組織化すると、彼らの行為が道徳的に正しいという自信やその行為に正当性を与えることができ、また、それは、そのスポーツ集団の社会における道徳的な影響力を高めることにもつながると考えられる[1]。例えば、高度化[2]に偏重していると捉えられる現代スポーツ［笠野，2014：88-89］において、より楽しみを求める遊びとしてのスポーツや、健康維持のために行うスポーツなど、高度化以外を主な目的とする愛好者（以下「愛好者」と略す）が組織化されることにより、それらのスポーツ行為は、高度化の価値に劣るものとしてではなく、高度化のためのスポーツと同様に、正しい、あるいは正統なスポーツとしてその社会に受け止められるようになることが考えられる。

　愛好者の組織化には、彼らが何を求めているのかなど、清水［2009：4］が指摘するような、組織の成員の認識に見られる主意性や主観性を重視し、「『人間から組織を見る』という組織研究の原点回帰」が求められる。確かに、初期の社会学的な組織論を展開したエツィオーニ［1966：3-4］は、「社会体系とパーソナリティ体系とを明らかにすることは、組織分析に不可欠な一要素であると思われる」と述べており、まさに組織と人間との関係を分析することを組織研究として捉えていた。そして、その分析視点から、エツィオーニ［1967］は、合理性を求める組織の要求と幸福を求める人間の希望との関係を議論し、当時の労働者の不満を疎外という概念から検討したのである。また、そのなかでエツィオーニ［1967：174-175］は、制度と社会的性格[3]との関係を分析したリースマン［1964］や「組織と個人との相克」［岡部・藤永，1959：4］を議論したホワイト［1959i，1959b］に言及しながら、組織と人間のパーソナリティとの関係を論じている。この視点に「原点回帰」［清水，2009：4］するならば、スポーツ組織論においても、スポーツ行為者（以下「行為者」と略す）の社会的性格とスポーツ組織や制度との関係を分析していく視点があらためて求められているといえる。

2. 従来のスポーツ組織研究と本稿の目的

　これまで、行為者の社会的性格を問題にしたスポーツ組織研究はほとんど行われてこなかった。そもそも日本におけるスポーツ組織研究は極めて低調であった［武隈，1995］が、近年はスポーツ組織の経営組織論的研究が増加してきている［笠野，2012：86-89］。しかし、その経営組織論的研究は、企業組織論を援用してスポーツ組織を研究した［清水，2009：2］ものであり、企業組織としての解決方法が示されるにとどまってしまうことが指摘されている

[笠野，2012：88]。そこで、行為者の社会的性格の問題からスポーツ組織を分析することにより、行為者が抱える問題そのもの、あるいはスポーツそのものの課題を解決・克服するという観点からのスポーツ組織改革、すなわち、企業組織や教育組織のための課題解決ではなく、スポーツ組織としての課題を解決するための議論が可能になるものと考える。

この文脈から笠野［2012］が導出したスポーツ組織論における分析視座は、「スポーツ組織がどのようにその制度の諸局面に影響を及ぼし、さらにはそれがどのようにスポーツ実施者の性格構造に影響を及ぼすかを明らかにする（説明する）ことが可能な視座」［笠野，2012：97］である。この視座は、諸制度が人の性格構造[4]を形成するというガースとミルズ［1970］の『性格と社会構造』の理論に基づいたものであり、スポーツ組織によって形成される制度が行為者の性格構造に大きな影響を及ぼすことを説明する視座である。言い換えれば、例えば、スポーツに関わる人々のなかに高度化を志向する社会的性格が形成されている場合、スポーツ組織が制度を変革することによって彼らの社会的性格に影響を及ぼし、高度化への偏重を制することができるという説明が可能になる視座である。

この視座の意義について、笠野［2012］は、前述したような主に従来のスポーツ組織論の検討からその意義を述べている。すなわち、スポーツ組織がその活動や基盤を教育組織と企業組織に依存している［笠野，2012：87-88；佐伯，2004：62-65］ことによって教育の論理や企業の論理でスポーツ組織の展開が議論されていく状況に対して、行為者の論理からスポーツ組織や制度の展開を検討する視座が示されている点に笠野［2012］のスポーツ組織論（以下「行為者からのスポーツ組織論」と略す）の意義があるといえる。しかし、リースマン［1964］やガースとミルズ［1970］が制度と社会的性格との関係を議論しているように、菅原［1980］や粂野［1984］が展開した制度としてのスポーツ論（以下「制度論」と略す）においても、そこでは制度と行為者の社会的性格との関係が議論されている。それにもかかわらず、制度論からのアプローチではなく、なぜスポーツ組織論として行為者の社会的性格に関わる問題を捉える必要があるのだろうか。笠野［2012］によれば、スポーツ組織論としてのアプローチの重要性は、スポーツ組織が制度生成の主体となることにあるとされるが、そもそも制度論の検討は十分に行われていない。そこで、本稿では、行為者の社会的性格に関わる問題を制度論の枠組みで捉えることによる限界を示し、その限界を克服するため、行為者からのスポーツ組織論をさらに進展させた理論構成の提示を試みる。結論を先取りすれば、制度論の理論構成では、体制（制度）変革の主体という意味でのスポーツ組織の主体性と行為者の主体性を捉えきれないという限界がある。したがって、行為者からのスポーツ組織論と吉田［1992］が示した主体的社会化論（以下「主体的社会化論」と略す）の枠組みを手がかりにして、スポーツ組織と行為者の両者の主体性を把捉するスポーツ組織論（以下「主体的なスポーツ組織論」と略す）の理論構成を提示することにしたい。

以上から、本稿の目的は、制度論から行為者の問題を論じることの限界を克服する主体的なスポーツ組織論の理論構成を提示することである。そこで、まずは制度論をレビューすると同時にその限界を明らかにする。次に、その限界を克服する主体的なスポーツ組織論の理論構成を、行為者からのスポーツ組織論と主体的社会化論の理論的枠組みを参考にしながら提示する。最後に、その主体的なスポーツ組織論の理論構成の意義も論じたい。

なお、本稿では、笠野［2012］が提示した行為者からのスポーツ組織論を議論の対象とするため、「日本における各スポーツ競技を統括する権限と義務をもつ各スポーツ競技の国内統括団体であるスポーツ競技団体」［笠野，

2012：86］をスポーツ組織と定義し、組織とは制度に焦点をおいた概念であり、組織を構成する諸個人からは論理的に独立した組織としての目標や意思決定及び行動を有すると想定された存在［盛山，2012：629-631］として捉える[5]。また、性格構造は「個人にたいするもっとも包括的な用語」［ガース・ミルズ，1970］であり、社会的性格は「社会諸集団に共通」［リースマン，1964］なものであることから、本稿では、個人の性格構造が集まってある社会集団に共通なものとしてみられる段階に至ったものを社会的性格と定義する。

II 制度論とその限界

1. 制度論

菅原［1980］や粂野［1984］は、スポーツを制度として捉える制度論を展開し、価値、規範、スポーツ観、パーソナリティという概念を用いて、制度としてのスポーツ（以下「スポーツ制度」と略す）と行為者の社会的性格との関係について言及した。その文脈において、多々納ほか［1988：11-12］は、「『制度としてのスポーツ』論は極めて重要な問題提起である」と認めつつも、制度を集団・組織・体系等と同一次元の概念として捉えていることに問題があると述べ、「『制度としてのスポーツ』は規範的シンボル体系を意味する抽象概念として構成することにより、関連諸概念と明確に区別されるべきである」という。そして、関連諸概念の１つであるスポーツ組織を「一定の目標達成のために形成された合理的な役割の体系」であり、「スポーツ行為を目標達成にむけて制御する機構の体系」と定義し、「この組織的機能の結果として『秩序』が形成され、その組織構造と組織機能を制御するパターンの体系」をスポーツ制度として定義している［多々納ほか，1988：6］（図１）。ここでは、スポーツ組織がスポーツ行為を制御するものであり、結果としてではあるが、そのスポーツ組織を制御するパ

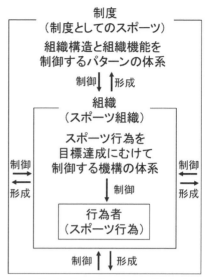

図１　多々納ほか［1988］による組織と制度の関係

ターンの体系であるスポーツ制度も、スポーツ組織が組織的機能を発揮することによって形成し得るという捉え方に注目したい。すなわち、スポーツ組織がスポーツ制度を形成することが可能であるとともに、そのスポーツ制度からスポーツ組織自体が制御されつつ、最終的にスポーツ行為を制御しているという捉え方が可能だろう。スポーツ行為が制御されるということは、行為者がどのようなスポーツ行為をするのか、あるいはしようとするのか、という行為者の社会的性格にまで影響が及ぶものとして捉えられる。ただし、彼らの制度論では、スポーツ制度がスポーツ組織の制御を通じてスポーツ行為を制御することを明らかにする分析方法の詳細までは示されていなかった。

一方で、菊［1993：30］は、多々納ほか［1988］の制度論を踏まえつつ、スポーツ制度の構成要素を設定することにより、スポーツ制度を分析可能なものとしている。彼は、ガースとミルズ［1970］が提示した制度概念、すなわち、制度の４つの局面（シンボル、地位、テクノロジー、教育）に基づき、スポーツ制度の構成要素を３つの局面と６つの要素に設定している。それらは、(1) スポーツ・シンボルの局面の①スポーツ・イデオロギー、②スポーツ・ルール、

③スポーツ・シンボル、(2) スポーツ・テクノロジーの局面の④スポーツ行動様式、⑤スポーツ文物、(3) スポーツ地位の局面の⑥スポーツ組織である[6]。そして、これらの要素を分析用具として用いて、日本の野球において、戦前の武士道的イデオロギー（勝利至上主義、鍛練主義、金銭拒否の名誉観）から、日本プロ野球が成立するための経済的イデオロギーの確立に至るまでを制度との関係で詳細に説明している。すなわち、制度との関係からイデオロギーを検討しており、まさにスポーツ制度と社会的性格との関係を分析しているものとして捉えられる。

2. 制度論の限界

このように、ガースとミルズ［1970］の理論と菊［1993］によるスポーツ制度の定義を踏まえれば、スポーツ制度によって行為者の社会的性格が形成される理論的な枠組みが示される。しかし、この枠組みでは、誰がそのスポーツ制度を主体的に形成・変革し、行為者の社会的性格を形成していくのかという主体がみえ難い。多々納ほか［1988］のように組織と制度を区別し、スポーツ組織がスポーツ制度を形成し得るものであり、スポーツ行為を制御するものであるという制度論の捉え方は、スポーツ組織が制度や社会的性格の形成・変革主体となり得ることを示唆しているものの、これが積極的な主体としては捉えられていない。すなわち、制度論では、スポーツ組織の主体性を積極的に把捉しようとする理論的な分析視点が不足しているのである。

また、多々納ほか［1988］は、いわゆる構造機能主義の立場でスポーツ制度を定義しているが、「構造＝機能分析の描く人間は、社会の与える意味や規範をそのまま取り込む、ロボットのような存在に近くなってしまう」［橋爪、1991：40］と批判される。先に示したようにリースマン［1964］も、社会的性格は社会構造によって完全に決められるものではないことを指摘している。このような批判を克服するためには、個人の主体性の発揮の視点が必要となることはいうまでもない。多々納ほか［1988：11-12］も、制度論は「個人の主体性と社会の拘束性…を相即的に把握することが不可欠である」と述べてはいるものの、どのように個人の主体性を把握することが可能なのかについては示していない。すなわち、制度論では、スポーツ制度による社会的性格の形成過程において、個人の主体性がどのように発揮され得るのかという理論的な枠組みが示されていないのである。

以上から、スポーツ組織の主体性と行為者の主体性を把捉する理論的な枠組みの欠如が制度論における限界として捉えられよう。

III 主体的なスポーツ組織論の理論構成

1. スポーツ制度形成・変革の主体としてのスポーツ組織

行為者からのスポーツ組織論は、「スポーツ組織がどのようにその制度の諸局面に影響を及ぼし、さらにはそれがどのようにスポーツ実施者の性格構造にまで影響を及ぼすかを明らかにする」［笠野、2012：97］視座をもっているように、スポーツ制度を形成する積極的な主体としてスポーツ組織を位置づけている。このような制度論の限界の1つを超える枠組みが示されている点に、制度論と比較した行為者からのスポーツ組織論の意義が見出されよう。しかし、エツィオーニ［1966：23］が、「組織を研究するものは、しばしば、研究中の単位の境界について、すなわち、だれが関係者であり、だれが部外者であるかを決定しなければならない」と述べるように、スポーツ制度を形成・変革する主体としてのスポーツ組織の境界、すなわち、スポーツ組織の成員を明確にしておく必要があろう。彼は、「関与・従属・遂行」の度合いのうち1つでも高い行為者を関係者として捉えており、例えば、教会と教会員の関係に

ついて、教会員は関与の度合いが高いため、牧師と同様に教会組織に含まれるものとしている［エツィオーニ，1966：23-24］。特に、牧師の心理的側面を分析する場合には、牧師は教会員を従属者としてもっていることにより教会員から心理的影響を受けるため、教会員を教会組織に含めないという設定は誤った設定であるという。ただし、この組織の境界設定は、研究の目的によって異なってくることも指摘している。

　そこで、スポーツ組織の境界を考えてみると、行為者を含めるか否かという問題が出てくる。行為者にはスポーツ組織に登録している者（以下「登録者」と略す）と登録をしていない行為者（以下「未登録者」と略す）が存在しているが、結論からいえば、本稿では、笠野［2012：89；2014：91］が述べるように、登録者はスポーツ制度のメンバーではあるがスポーツ組織には含まれない者とし、未登録者はスポーツ制度にも含まれない者として考えることにしたい。日本におけるスポーツ組織の登録者は、公式競技会に出場する資格を得るために登録料を払い、会員となっている［鈴木，2006：110；武藤・吉田，2014：2］ものとされる。そのため、登録者をスポーツ組織が提供する競技会というサービスの取引客や顧客として捉えれば、エツィオーニ［1966：23］が取引客と顧客は「関与・従属・遂行」のすべてで低く位置づけられるため部外者であるというように、スポーツ組織には含まれない。また、以下のように、多々納ほか［1988］が定義する組織としても妥当な捉え方であるといえる。多々納ほか［1988］がいう組織とは、「一定の目標を達成するために形成された合理的な役割の体系」である。「通常のスポーツ組織の発展は、いくつかのチーム／クラブが集まり、それがまた地域ごとの組織を作り、その上に全国組織が形成される」［佐伯，2004：62］ため、登録者が持つ目標の達成を推進していくことがスポーツ組織の目標といえる。しかし、日本のスポーツ組織は、「日本を代表する選手を選抜するための組織、つまり選手選抜の競技大会を開催する組織として結成」［佐伯，2004：62］されたため、登録者の外からスポーツ組織の目標が設定されたといえよう[7]。ここで、1人の登録者は、スポーツ組織の目標であるスポーツの強化と普及という目的のために協働しているとは考えていないし、また人々にもそのように考えられていない。彼は、個人の目的に向かってスポーツを行為しているだけである。したがって、スポーツ組織は、役員や事務員等の従事者は含むが、登録者は含まないものとして捉えられる。

　一方で、登録者は、スポーツ組織が形成したスポーツ制度に含まれるものとして捉えることができる。エツィオーニ［1966：23-24］が指摘するように、研究の目的によって組織の境界は異なるため、登録者を含めてスポーツ組織と捉えることも可能であるが、その場合のスポーツ組織を「広義のスポーツ組織」とすれば、本稿におけるスポーツ組織を「狭義のスポーツ組織」と呼ぶこともできよう。このような整理をして、組織と制度との関係を論じた盛山［1995］の「組織は制度的にのみ概念化され得る」という議論を踏まえると、本稿における「スポーツ制度」は「広義のスポーツ組織」として捉えられる。一方で、「狭義のスポーツ組織」も、盛山［1995］の制度論を踏まえれば、制度的に概念化され得るのだが、それは、従事者（役員・事務員・パート等）を対象とした人事制度や就業規則等の制度によってなされるものと考えられる。したがって、これらの概念の混乱を避けるため、本稿では、「狭義のスポーツ組織」を「スポーツ組織」、「広義のスポーツ組織」を「スポーツ制度」とする。このように「スポーツ組織」と「スポーツ制度」の概念を整理することにより、行為者の社会的性格が形成される「スポーツ制度」を生成・変革していく主体、すなわち「スポーツ組織」が明確になる。なお、本稿の問題意識である愛好者の組織化とは、この整理に基づけば、広義のスポーツ組織、すなわちス

ポーツ制度への組織化という意味になる。当然、未登録者はこのスポーツ組織が形成するスポーツ制度にも含まれないものとなるが、スポーツに関わっている以上、スポーツ制度よりも広範囲に位置するスポーツという社会構造[8]内には位置づけられる。そして、行為者は「スポーツ組織への登録・未登録に関係なく、スポーツ組織とかかわりをもっている」[笠野，2012：92]ことから、スポーツ組織がスポーツ制度を形成することにより、その制度外にいる未登録者もその制度から影響を受けると考えられる[9]。

以上を踏まえて図1を修正して示せば図2のようになる。この図からわかるように、スポーツ組織は、スポーツ制度を形成することにより登録者を制御するものであるから、スポーツ組織の従事者が、登録者の社会的性格を視野に入れて、さらには未登録者への影響も考慮に入れて、様々な制度形成・変革をしていくことが可能である。多々納ほか[1988]及び菊[1993]の制度論に、そのスポーツ制度を形成する積極的な主体としてスポーツ組織を位置づけることで、スポーツ組織と行為者の社会的性格との関係を分析することが可能になると同時に、行為者の社会的性格を変容させ得る主体が明確になるのである。さらにいえば、行為者の社会的性格を考慮に入れたスポーツ制度の形成・変革がスポーツ組織に求められる。すなわち、行為者が抱える問題を射程に入れたスポーツ組織論の必要性が生じてくるということなのである。このような点に行為者からのスポーツ組織論の意義を見出すことができるが、制度論のもう1つの限界である行為者の主体性を捉える枠組みについてはどうだろうか。行為者からのスポーツ組織論は、スポーツ制度を形成するスポーツ組織によって行為者の社会的性格が形成されるというように、個人の主体性を把握するどころか、むしろ個人を受動的に捉える枠組みのようにも捉えられる。そこで、次に、主体的社会化論を手がかりにして、個人の主体性をも捉える主体的なスポーツ組織論の理論構成を検討する。

2. 行為者の主体性を捉える枠組み
2.1 主体的社会化論

主体的社会化論は、いわゆるスポーツ的社会化論（以下「社会化論」と略す）の展開のなかで示されたものである。社会化論については、山口・池田[1987]、山本[1987]、吉田[2008：19-22]などがその研究動向や課題についてレビューしている。社会化論の視点は大きく2分され、1つはスポーツへの社会化の視点であり、もう1つはスポーツによる社会化の視点である。影山ほか[1984：5-6]は、スポーツへの社会化においては、「スポーツに参加したり、好きになったりするのはどのような社会的メカニズムにおいてか、ということが問題」になり、スポーツによる社会化においては、どの

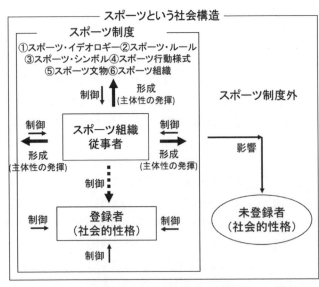

図2　行為者からのスポーツ組織論におけるスポーツ組織・スポーツ制度・行為者の関係

ような人格が形成され、集団や社会等に対してどんな影響を与えるのかということが問題になるという。このうちスポーツへの社会化の視点において、岡田・山本［1983］は、それまではSocial AgentからSocializeeへの一方的な影響の流れ、すなわち、社会化の保守的側面が説明されているだけであり、Socializeeの主体的な行動がSocial Agentに及ぼす影響、すなわち、社会化の革新的側面を議論していないと指摘し、社会化の保守、革新の両側面を統一して理解しようと試みている。また、吉田［1990］も、主体的自我論という理論を用いて、主体性を失わない行為者について検討した。

このような研究動向について、吉田［1992］は、初期の社会化論は、当時の規範的パラダイムと評されていたパーソンズに代表される構造機能主義による受身的社会化論であったが、その後、解釈的パラダイムと称される社会学理論（シンボリック相互作用論、現象学的社会学、エスノメソドロジー等）に触発され、個人を主体的に捉え、主体的側面を主張する主体的社会化論が台頭するようになってきたという。そして、彼は、スポーツにおける主体性に関する議論は、社会化論の展開上からのみ必要なのではなく、政治的権力や市場の論理等が浸透することによりスポーツの自律性が失われていく危険性が大きい今日のスポーツ状況からも強く要請されるとし、ミードの理論等を援用してスポーツにおける主体的行為の理論的枠組み（図3）を提示している［吉田，1992］。この理論的枠組みは、Social Agentのスポーツ役割期待（以下「役割期待」と略す）とSocializeeのスポーツ役割観念（以下「役割観念」と略す）が一致しない問題的状況において、行為者が役割観念に基づく主体性を発揮することで、言語能力等

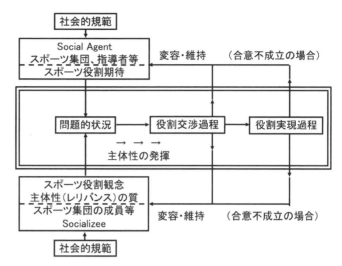

図3　スポーツにおける主体的行為の概念図式（二重線の内側が主体的行為となる）　※吉田[1992]を簡略化

による役割交渉過程が顕現し、その交渉における合意の成立・不成立に応じて自律的な行為（役割実現過程）が顕現するという。さらに、役割交渉過程や役割実現過程における合意成立・不成立に応じて、役割期待や役割観念が変容する可能性があることを示している。

このような「主体的―受身的論争」の本稿における意義は、役割観念は社会的な価値や規範によって受動的に形成される側面が強調されるというそれまでの議論に対して、行為者の側の主体性という概念を用いて、行為者が主体性を発揮することによって役割期待と役割観念が変容していく可能性、すなわち、役割期待や役割観念を主体的・意図的に変革し得る可能性を示した点にあるといえる。本稿では、先に述べたように、好きになるという志向性や人格、役割観念を含めた「個人にたいするもっとも包括的な用語」［ガース・ミルズ，1970］を性格構造とし、その集まりを社会的性格として合目的的に定義した。「社会的性格を形づくるのは、個人の性格と同じく、家族内部でのしつけや教育（社会化）である」［出口，2010：78］といわれることから、社会的性格を問題とする行為者からのスポーツ組織論に、この主体的社会化論を援用して、制度論の限界として指摘した行為

者の主体性を把捉する理論構成を考えてみたい[10]。

2.2 主体的社会化論の援用

　行為者からのスポーツ組織論では、「スポーツ組織からの期待を、その制度のメンバーであるスポーツ実施者は内面化していく」［笠野，2012：92］というように、Social Agent としてのスポーツ組織の役割期待が Socializee としての行為者に内面化する枠組みが説明されている。しかし、そこではやはり行為者の主体性を把握する枠組みは示されていない。すなわち、行為者からのスポーツ組織論では、例えば、高度化を志向するスポーツ組織によって、高度化を志向する行為者の社会的性格が形成されることは説明できるが、その高度化を志向するスポーツ組織の役割期待を、行為者がどのように主体的・意図的に変革し得るのかを把握する枠組みがない。そこで、主体的社会化論を援用し、主体的社会化論の枠組みにおいて、Social Agent の1つとしてスポーツ組織を取り上げ、Socializee を行為者とすれば、スポーツ組織の役割期待によって影響を受けながらも、行為者の主体性の発揮により役割期待が変容していく過程を分析することができる。特に、ここでは主体的社会化論が、役割期待と役割観念にズレがあるような問題的状況の発生を前提としている点に留意しなければならない。なぜなら、主体的社会化論では、ズレがなければ行為者の主体性は基本的に問題とならないからである。すなわち、この問題的状況であるズレをいかにして創出できるのかということが、主体的なスポーツ組織論における行為者の主体性を把捉する理論構成にとっては特に重要となってくるのである。

　吉田［1992：260］は、シュッツ、ルーマン、ミードの3者の主体性論の検討を通して、あらゆる行為から「社会（規範）的拘束性を完全な意味で払拭することは困難」だが、「主体性は社会（規範）的拘束の下でも始めは微力ながら発揮され、それに伴い質的に向上し」、さらにその主体性が「社会へ積極的に働きかけ、その変容を促すような革新的・創造的レベルにまで向上すれば、それは決して社会（規範）的拘束の下で把握されるべきものではなくなる」という。そして、「質的変容を呈する主体性と行為のメカニズムとしての主体性といった二つの異なった特性」［吉田，1992：260］をもつものとして主体性を捉えているが、本稿でもこの主体性の定義を支持する。ただし、本稿ではそれに加えて、主体性は自然発生的につくられるものではなく、あくまでも社会（規範）的につくられるものであり、いわばフーコー［1977］が指摘するような権力構造によってつくられる主体性として捉えている。したがって、ある社会構造Aによってつくられた主体性が、別の社会構造Bから拘束されることによって、それが起点となって役割期待と役割観念にズレが生じ、行為者の主体性が発揮され、社会構造Bが変容していくのである。この捉え方からすれば、本稿の問題意識のように、スポーツ組織の役割期待も行為者の役割観念も共に高度化志向となっているようなスポーツ界の変革を目指す場合、愛好者を Socializee として登場させ、愛好者が主体性（交渉性等）を発揮する過程で、Social Agent であるスポーツ組織の高度化のみを志向する役割期待を変容させ、これと共存することが可能となろう。そして、その変容したスポーツ組織の役割期待を行為者に内面化させるようなスポーツ制度をスポーツ組織が形成し、すなわち、スポーツ組織の役割期待をスポーツ制度として表象化することによって行為者（登録者）の社会的性格が高度化以外を志向するものとなる。このように主体的社会化論を援用することで、主体的なスポーツ組織論においては、行為者の主体性を把捉する論理が示され得る。しかし、ここでは、はじめに述べたように、「競技者のみの組織」［鈴木，2006：110］からいかに愛好者を組織化するのか、すなわち、主体性を発揮する Socializee として、いかに愛

好者を登場させるのかが問題として残される。

これに対して、社会構造（一般社会の規範）が変容することによっても、すなわち、高度化以外を志向する社会的規範がスポーツ組織の役割期待または行為者の役割観念を変容させることによってもズレが生じる。ただし、図3の主体的社会化論の図式［吉田，1992］には、社会的規範がSocial Agentの役割期待とSocializeeの役割観念の双方に影響を及ぼすことが示されているものの、その議論は主体的社会化論の枠組みを外れるものであるため、その詳細は示されていない[11]。そこで、制度との関係を視座に入れた行為者からのスポーツ組織論が必要となってくると考えられる。図4のように、主体的社会化論の図式における社会的規範の内側にスポーツという社会構造の1つとして（スポーツ組織が形成する）スポーツ制度を設定し、制度とスポーツ組織や行為者との関係を示す（図2と図3を組み合わせる）ことで、行為者の主体性を把捉する主体的なスポーツ組織論の枠組みが示せる。この枠組みにおいて、行為者として登録者のみを想定した場合、高度化を志向するスポーツ組織がその志向を肯定するような制度を形成することによって、結局登録者も同様の志向を有するようになってし

まう。したがって、図4の点線で示したスポーツ組織と未登録者との関係が極めて重要となる。すなわち、スポーツ制度の外にいる未登録者（例えば愛好者）が、スポーツ組織に対して主体性を発揮して行為することで、スポーツ組織の役割期待を変容させることが可能となるのである。言い換えれば、それは、スポーツ組織が形成するスポーツ制度をスポーツという社会構造（高度化のみを志向する制度から愛好者を含むすべての行為者の志向を肯定し形成する制度）にまで広げていくことでもある。これが、行為者の主体性を把捉する枠組みの欠如という制度論の限界を克服する主体的なスポーツ組織論の分析視点を可能にすると考えられよう。

IV 主体的なスポーツ組織論の意義

1. マクロな視点とミクロな視点の包摂

上述したように、主体的なスポーツ組織論では、スポーツ組織がスポーツ制度や行為者の社会的性格を形成・変革する積極的な主体として位置づけられるとともに、行為者の主体性を把捉する理論的な枠組みが設定される。この理論構成の意義は、マクロな視点とミクロな視点を包摂する枠組みが設定されているという点にあ

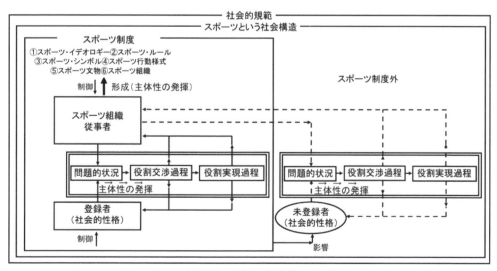

図4　主体的なスポーツ組織論の理論構成

る。本稿と同様の問題意識を有しているといえる松尾［2015］の研究は、行為者の社会的性格に影響を及ぼすスポーツ組織・制度・構造等がどのように形成されてきたのかを詳細に検討した示唆的な研究である。彼は、スポーツ実践空間を「場」として捉え、青少年期のアスリートを育てる学校運動部の「場」と民間スポーツクラブの「場」の構造変動を、組織間関係を含めたマクロな視点から分析すると同時に、それら2つの「場」における競技者の志向、性向、スポーツ観などの違いをミクロな視点から検討している。そして、その「場」の内部や外部の様々な影響を、文化的正統性を獲得するための戦略や闘争と捉え、スポーツ空間の変動の様相を解明しようとしている。

松尾［2015：249］は、これからのスポーツ「場」を構想するためにその変動の様相を把捉しようと試みているが、スポーツ「場」内部、あるいは、関係するほかの「場」の範囲の対象設定、すなわち、対象の範囲をどこまで視野にいれるのかが難しい［松尾，2015：250］ことを課題として挙げていることから、その範囲の拡大に比例して、誰がその「場」を変革していけば良いのかということが明確になり難くなるものと考えられよう。この点は、先に取り上げた藤田［1998］においても同様であり、各種社会運動等をSocializeeの社会化に影響を及ぼす制度形成の主体として捉えていたが、対象の範囲が広く、その主体が明確になり難くなるという課題があった。これについて、松尾［2015］の研究においては、日本水泳連盟の主体的な働きかけによって文部省の通達の変更を促し、スポーツ「場」を変動させていった例が示されているが、このようにスポーツ組織を主体として捉え、スポーツ組織が形成する制度を通して行為者の社会的性格を形成するというメゾ的な範囲設定をすることによって、社会的性格あるいはスポーツ制度の主体的な変革を構想しやすくなり、変革の視点を示しやすくなるものと考えられる。

このように、主体としてのスポーツ組織の視点を新たに加えることで、スポーツ制度と行為者の社会的性格の関係がマクロ視点で説明される制度論においては、誰がそのような制度を形成・変革するのかというような、よりミクロな視点に近づく議論が可能となる。一方、行為者の社会的性格の変容過程がミクロな視点で説明される主体的社会化論においては、行為者の主体性がどのように発揮され、スポーツ組織やスポーツ制度の変革にまで影響を及ぼすのかというような、よりマクロな視点に近づく議論が可能となる。したがって、行為者からのスポーツ組織論の視座に主体的社会化論を援用して導出した主体的なスポーツ組織論では、マクロな視点とミクロな視点を包摂する理論構成が提供され、まさにメゾ的視点を提供する意義があると考えられよう。

2. 主体としてのスポーツ組織と行為者の主体性

最後に、主体としてのスポーツ組織と行為者の主体性との関係はどのように捉えれば良いのだろうか。本稿の問題意識である愛好者の組織化という課題においては、多様な志向性をもつ愛好者がスポーツ組織に積極的に働きかけると同時に、スポーツ組織もその構成員として愛好者を積極的に取り込む、あるいは、愛好者の要求を積極的に制度形成・改革に反映するなどして、両者の主体性をともに発揮していくことが重要となる。それにより、高度化志向を肯定するスポーツ組織・スポーツ制度・登録者から多様な志向を肯定するそれぞれに変容していくことになる。それが、すなわち、スポーツの多様な価値を肯定する社会的性格をもつ愛好者の組織化ということになろう。

最近では、「多様性」という標語の下で、スポーツ組織の従事者をスポーツ界のみならず他分野の出身者から構成する必要性が叫ばれているが、それは、専門性の発揮という観点からだけではなく、スポーツの多様な価値を創出して

いくという意味でも重要なのである。すなわち、スポーツの多様な価値を肯定する社会的性格をもつ愛好者が組織化されれば、それに応じたスポーツ制度や行為者が形成され、スポーツの多様な価値に正統性が与えられていくのである。したがって、登録者であっても、スポーツ組織が要求する役割期待と自身の役割観念にズレが生じた場合は、主体性を発揮してスポーツ組織に積極的に働きかけていくことが重要であろう。そのことが、スポーツの多様な価値を生み出す一歩となると考えられるのである。反対に、スポーツ組織も登録者や愛好者の役割観念を常に念頭においた制度形成を心がけていく必要があろう。このように、スポーツの多様な価値を創出する観点からは、行為者とスポーツ組織の両者の主体性は極めて重要であり、それらを把捉する分析視点を有している点に、主体的なスポーツ組織論の意義があると考えられるのである。

V　まとめにかえて

本稿では、制度論の限界として、スポーツ制度を形成・変革する主体としてのスポーツ組織と行為者の主体性を把捉する理論的な枠組みの欠如を指摘し、行為者からのスポーツ組織論と主体的社会化論の枠組みを参考にしながら、それらの限界を克服する主体的なスポーツ組織論の提示を試みた。また、その分析視点は、スポーツ組織と行為者の両者の主体性を把捉することが可能であるとともに、マクロな視点とミクロな視点を包摂するメゾ的視点を提供するものである点に、主体的なスポーツ組織論の意義があると考えられた。この主体的なスポーツ組織論から示唆されることは、愛好者の組織化が求められるこれからのスポーツ組織において、特に愛好者が主体性を発揮して積極的にスポーツ組織に働きかけると同時に、スポーツ組織も、登録者に限らず未登録者の要求を積極的に制度形成・改革に反映していく姿勢が求められると

いうことである[12]。このような、誰が主体性を発揮していくのかといういわば主体性の起点の議論が可能となる点にも、本稿で示した主体的なスポーツ組織論の意義があるといえよう。

謝辞
本論文の掲載に至るまで、多大なるご示唆ならびに激励を頂戴しました筑波大学体育系教授の菊幸一先生に対し、心より御礼を申し上げます。また、本研究はJSPS科研費JP25750284、JP16K16508の助成を受けたものです。

【注】
1) コリンズ［2013：60］によれば、「群衆の一部をなしているとき、人々はまた、道徳的に正しいことをしていると感じがちになる」。また、「集団の力(パワー)とは、その集団のエネルギーであり、またその集団の道徳的な影響力である」［コリンズ，2013：65］という。

2) 本稿では、高度化を、競技力向上だけでなく、これまで日本人のスポーツ観の特徴とされていた「身体よりも根性・闘志に代表される"精神主義"や、スポーツに熱中するあまり、遊びを忘れた極度の"勝敗主義"」［山口，1988：58］に関連付けられる、努力、鍛練、修養、真剣、真面目、一所懸命、向上、練習、速い、高い、強い、といった意味を含み、勝利至上主義にもつながる概念として捉えるものとする。

3) リースマン［1964：3-4］によれば、社会心理学では、人間の生得的な気質や技能、その生物学的・心理学的構成要素、恒久的な属性もうつろいやすい属性もすべて含めてパーソナリティという語を使っているという。また、性格という語は、パーソナリティのうち、生得的でなく、後天的な部分を指すものとしてよく使われ、恒久的で、社会的・歴史的に条件づけられた個人の欲求と満足のことであるという。そして、社会的性格とは、その性格のなかの様々な「社会諸集団に共通で、かつ、…それらの諸集団の経験からうまれた部分のこと」［リースマン，1964：4］であると定義されている。ただし、生得的なものと経験によるもの（社会構造によってかたちづくられていくもの）との区別が難しいこと、社会的性格が社会構造だけによる完全な模写物ではないこと［リースマン，1964：224］など、

社会的性格という概念が多くの曖昧性をもつことを指摘している。しかし、社会的性格が存在しているという考えは常識的に暗黙の前提としてあり、他の多くの学者と同様に、社会構造の問題と切り離すことはできないという諒解事項のうえにたって考察をすすめているという。したがって、ある社会構造によって、その社会集団に共通で、その諸集団の経験からうまれたものが社会的性格として捉えられよう。この定義は、現代社会学辞典における社会的性格の定義、すなわち、「個人がおかれている社会や階層に共有されている期待や要求に注目」した「特定の社会集団や社会階層に共通する性格特性」[樂木，2012：601]にも一致する。

　また、彼が論じている社会的性格類型というものは、抽象物であり、かつ、構築物であり、実在するものではないと指摘している[リースマン，1964：24-25]。それを踏まえたうえで、「社会とその典型的な個人とのあいだの相互に関係しあうセットを記述すること」[リースマン，1964：25]が、彼の関心事であるという。したがって、「われわれは性格、行動、価値、そしてスタイル、ないしエトスといったようなさまざまな概念を特定の制度の中ではっきりと区別して考えることをしなかった」[リースマン，1964：xiii]とし、それらの区別は今後の課題としている。本稿においても、その問題関心は、スポーツ組織やスポーツ組織がつくるスポーツ制度と行為者の社会的性格との関係にあるため、社会的性格を、上述したリースマン[1964]がいうような曖昧性を含む考え方に止めておくことにする。

4）笠野[2012]が示したスポーツ組織論では、ガースとミルズ[1970]の理論が援用されているため、性格構造という語が用いられている。彼らは、性格構造を、有機体、心的構造、人を含む、「ひとつの全体的統体としての個人にたいするもっとも包括的な用語」[ガース・ミルズ，1970：39]と定義している。伊奈[1991：82]によれば、ミルズは制度的社会構造とのかかわりで性格構造の動的相互関係の定式化を試みており、そこでの基本文脈はあくまで社会であるというように、リースマン[1964]と同様、性格構造と制度的社会構造との関係が分析の焦点であり、性格構造よりも、むしろ、制度的社会構造を分析することに重点が置かれているといえる。そして、ミルズの性格構造は、歴史的、構造的文脈に状況づけられた、理念型として捉えられている[伊奈，1991：194-195]点も、リースマン[1964]の社会的性格が抽象物かつ構築物として捉えられている点に同じであるといえよう。

5）スポーツ組織の定義について、佐伯[2004]は、学校運動部や企業運動部をスポーツ集団ではなく、スポーツ組織として捉えている。本稿での捉え方である盛山[2012：629-631]の組織概念とは異なり、「集団」概念は、「人々の集まり」に焦点をあてた[盛山，2012：629-631]ものであり、宮内[1988：82]によれば、「スポーツに関する特定の目標をもった複数の人びとの間の、相互作用に注目した場合」に「スポーツ集団」と呼ぶのだという。また、宮内[1988：82]によれば、「目標達成のための役割、人的配置、活動などの体系に注目した場合」を「スポーツ組織」と呼ぶことから、学校運動部や企業運動部であっても、「目標達成のための役割、人的配置、活動などの体系に注目した場合」[宮内，1988：82]であれば、スポーツ組織と捉えることも可能であろう。

6）スポーツ教育の局面については、スポーツ行動様式にかかわる側面としてスポーツ・テクノロジーの局面に類型化しているため、3つの局面について検討している[菊，1993：32]。

7）多々納ほか[1988]は、スポーツ組織は「一定の目標を達成するために」形成されていると述べるが、その目標が、スポーツ行為者が持つ目標なのか、スポーツ行為者の外から設定された目標なのかについては明確にしていない。

8）「狭義のスポーツ組織」と「広義のスポーツ組織」という概念整理に倣い、「スポーツ組織が形成するスポーツ制度」を「狭義のスポーツ制度」とすれば、「スポーツという社会構造」は、スポーツ組織に限らず、スポーツ界における様々な主体が形成してきた「広義のスポーツ制度」として捉えられよう。

9）本稿におけるスポーツ制度は、スポーツ組織が形成するスポーツ制度として捉えており、スポーツ制度「内」の行為者は登録者、スポーツ制度「外」の行為者は未登録者としている。したがって、この登録者と未登録者は、いわゆる競技志向の競技者や楽しみ志向の愛好者とは異なる次元で捉えており、スポーツ

制度「内」にもスポーツ制度「外」にも競技者と愛好者が共存している。例えば、スポーツ競技団体には登録していないが、公園やグラウンドにおいて仲間で集まってスポーツ（草野球など）をする行為者は、スポーツ制度「外」の愛好者として捉えている。また、行為者にはみる・ささえる者も含まれており、彼らに関しても、スポーツ組織が形成するスポーツ制度の内外にそれぞれ位置づけられる。そして、スポーツ制度「外」の者は、スポーツ組織が形成した制度に従って行為をしていないが、スポーツという文化や規範の中で行為しているという意味でスポーツという社会構造の中に位置する。なお、笠野［2012：95］が述べるように、スポーツ制度「外」の者も、スポーツ組織が形成するスポーツ制度があることによって、公認された制度内で行為していない不安感などの心理的影響を受けるのである。

10) 木谷［2011：192］は、「先天的な個性や性格に加え、社会的学習の蓄積や、社会的学習に基づく行為や経験の蓄積が、後天的な人格や性格の形成につながり、個人の社会化となると、著者は考えている」といい、性格の形成が社会化となると捉えている。また、菊池［1990：2］も、「1人ひとりの子どものなかに起こる変化の中心には性格（personality）があって、社会化とはこの性格の社会的形成のことであると考えることもできる」と述べている。これらを踏まえて、社会的性格を問題とする本稿では、主体的社会化論の援用を試みる。

11) スポーツへの社会化に関する先行研究のなかで、本稿で着目する社会的規範とSocializeeの社会化の関係を検討したものとして、北村［1990］と藤田［1998］が挙げられる。北村［1990］は、「日常的な生活経験の積み重ねと歴史的出来事を関連させる長期的縦断的な分析を通して行為主体の価値の内面化を考える」［北村，1990：45-46］ライフコース分析から社会化論を検討する必要性を指摘しており、生活経験や歴史的出来事によってつくられた社会的価値から社会化を考える重要性が指摘されているものの、社会的価値を形成し得る主体については言及されていない。一方で、藤田［1998］は、文化や制度が社会化と関連していることを指摘したうえで、各種社会運動等をその制度形成の主体として捉えているものとして理解することが可能だが、追って指摘するように、対象の範囲をどこまで視野にいれるのかが難しい問題であり、その範囲の拡大に比例して、誰が、いかにその制度を変革していけば良いのかということが明確になり難くなるという課題が挙げられる。

12) 全国レベルのスポーツ組織69団体の現状を調査した清水ほか［2017：133-156］は、組織の経営戦略としての事業計画や予算案の作成は、59団体（90.8％）において事務局が関与していることから、事務局にも専門的な人材が必要であることを指摘している。このような状況を踏まえて、スポーツ組織の意思決定の役割を担うとされる役員だけでなく、事務員等のすべての従事者が行為者やスポーツ制度に対して主体性を発揮していく姿勢が求められるといえよう。

【文献】

出口剛司，2010，「社会的性格」，日本社会学会社会学辞典刊行委員会編『社会学辞典』，78-79．

エツィオーニ，1966，綿貫譲治監訳『組織の社会学的分析』，培風館．

エツィオーニ，1967，渡瀬浩訳『現代組織論』，至誠堂．

フーコー，1977，田村俶訳『監獄の誕生―監視と処罰―』，新潮社．

藤田紀昭，1998，「ある身体障害者のスポーツへの社会化に関する研究」，『スポーツ社会学研究』6，70-83．

ガース・ミルズ，1970，古城利明・杉森創吉訳『性格と社会構造』，青木書店．

橋爪大三郎，1991，「社会学と隣接諸科学」，今田高俊・友枝敏雄編『社会学の基礎』，有斐閣，33-55．

ホワイト，1959a，岡部慶三・藤永保共訳『組織のなかの人間（上）』，東京創元社．

ホワイト，1959b，辻村明・佐田一彦共訳『組織のなかの人間（下）』，東京創元社．

伊奈正人，1991，『ミルズ大衆論の方法とスタイル』，勁草書房．

影山健・今村浩明・佐伯聰夫，1984，「スポーツ参与の社会学について」，体育社会学研究会編『スポーツ参与の社会学』，道和書院，1-23．

笠野英弘，2012，「スポーツ実施者からみた新たなスポーツ組織論とその分析視座」，『体育学研究』57，83-101．

笠野英弘，2014，「日本サッカー協会によって形

成されてきた制度に関する一考察—機関誌分析から—」,『体育・スポーツ経営学研究』27, 87-116.

菊池章夫, 1990,「第1章 社会化の問題」, 斎藤耕二・菊池章夫編著『社会化の心理学ハンドブック—人間形成と社会と文化—』, 川島書店, 1-13.

菊幸一, 1993,『近代プロ・スポーツの歴史社会学』, 不昧堂出版.

北村薫, 1990,「ライフコース分析と社会化」,『教育社会学研究』46, 35-51.

木谷滋, 2011,「社会的学習理論の四機能図式—モデリング・心の理論・社会化の理論的統合—」,『社会分析』38：191-208.

コリンズ, 2013,：井上俊・磯部卓三共訳『脱常識の社会学（第二版）』, 岩波書店.

粂野豊, 1984,「第2章スポーツの社会的構造と機能」, 菅原禮編著『スポーツ社会学の基礎理論』, 不昧堂出版, 37-66.

松尾哲矢, 2015,『アスリートを育てる〈場〉の社会学』, 青弓社.

宮内孝知, 1988,「日本的スポーツ組織の歴史・社会的性格」, 森川貞夫・佐伯聰夫編著『スポーツ社会学講義』, 大修館書店, 80-89.

武藤泰明・吉田智彦, 2014,「中央競技団体における登録料の対価性について—新たな概念構築と団体調査による検証—」,『スポーツ産業学研究』24（1）, 1-6.

岡部慶三・藤永保, 1959,「訳者はしがき」, ホワイト：岡部慶三・藤永保共訳『組織のなかの人間—オーガニゼーション・マン—上』, 東京創元社, 3-7.

岡田猛・山本教人, 1983,「スポーツと社会化論についての一考察—Social Agent と Socializee の相互作用の観点から—」,『体育・スポーツ社会学研究』3, 79-95.

樂木章子, 2012,「社会的性格」, 大澤真幸ほか編『現代社会学辞典』, 601.

リースマン, 1964, 加藤秀俊訳『孤独な群衆』, みすず書房.

佐伯年詩雄, 2004,『現代企業スポーツ論』, 不昧堂出版.

盛山和夫, 1995,『制度論の構図』, 創文社.

盛山和夫, 2012,「集団」, 大澤真幸ほか編『現代社会学辞典』, 629-631.

清水紀宏, 2009,「スポーツ組織現象の新たな分析視座—スポーツ経営研究における『応用』—」,『日本体育学会体育経営管理専門分科会体育経営管理論集』1, 1-7.

清水紀宏・成瀬和弥・笠野英弘・茂木宏子, 2017,「第11章「新しい公共」形成からみた日本における民間スポーツ組織の現状と課題」, 菊幸一『「新しい公共」形成をめぐる民間スポーツ組織の公共性に関する国際比較』, 科学研究費助成事業「基盤研究（B）」平成25年度～平成27年度研究成果報告書, 133-156.

菅原禮, 1980,「第Ⅰ章スポーツとスポーツ・ルール」, 菅原禮編『スポーツ規範の社会学』, 不昧堂出版, 9-73.

鈴木守, 2006,「NFの組織化の現状と課題」, 佐伯年詩雄監修, 菊幸一・仲澤眞編『スポーツプロモーション論』, 明和出版, 100-114.

武隈晃, 1995,「スポーツ組織研究の動向と展望—組織論的研究を中心に—」,『鹿児島大学教育学部研究紀要人文・社会科学編』46, 65-75.

多々納秀雄・小谷寛二・菊幸一, 1988,「『制度としてのスポーツ』論の再検討」,『体育学研究』33（1）, 1-13.

山口泰雄, 1988,「日本人のスポーツ観」, 森川貞夫・佐伯聰夫編『スポーツ社会学講義』, 大修館書店, 56-67.

山口泰雄・池田勝, 1987,「スポーツの社会化」,『体育の科学』37, 142-148.

山本清洋, 1987,「子どもスポーツに関する社会化研究の現状と課題」,『体育・スポーツ社会学研究』6, 27-49.

吉田幸司, 2008,「3 基礎研究の総括」, トップアスリート・セカンドキャリア支援プロジェクト編『トップアスリートのセカンドキャリア支援教育のためのカリキュラム開発（3）平成19年度報告書～日本型支援モデルの提案～』, 19-33.

吉田毅, 1990,「スポーツの社会化における『主体的—受身的論争』の検討—主体的自我論を基底として—」,『体育・スポーツ社会学研究』9, 103-122.

吉田毅, 1992,「スポーツ社会学における社会化論への一視角—主体性をめぐって—」,『体育学研究』37, 255-267.

平成29年6月5日　受付
平成29年10月16日　受理
平成29年11月30日　早期公開

■原著論文

スポーツにおける「負け」の語られ方
―読売新聞を事例とした新聞メディアによる「日本人」らしさの再生産―

宮澤　武[1]

抄　録

　競争を基本原理とするスポーツにおいて、勝利することに多様な価値が付随し、「負け」はマイナスの側面しか持ち合わせないようにみえる。しかしながら、新聞等のメディアによって「負け」はプラスの価値を付与され取り上げられる。こうした矛盾ともいえる事態を解明するため、新聞記事が「負け」をどのように取り上げているかを分析し、なぜ「負け」にプラスの価値が付与されるのかを明らかにすることが本稿の目的である。

　本稿において分析対象とした記事は、戦後から現在（1946〜2016年）までの読売新聞東京朝刊から、スポーツにおける「負け」を取り上げたものとした。国立国会図書館の新聞記事索引データベース「ヨミダス歴史館」と「日経テレコン21」を利用し、「負け」を見出し語に検索し、4,407件の記事を得た。スポーツにおける「負け」は批判すべきものか、もしくは称賛すべきものか、そして新聞記事において「負け」が批判および称賛される際、どのような側面に価値が見出され、語られているかに注目し、ドキュメント分析を用いて分析を進めた。

　分析の結果、闘志や根性などの"精神論"を「負け」と結びつける状況が読み取れた。こうした状況は、「負け」を捉える記事と「負け」を称賛する記事の両方にみられた。また、努力や鍛錬などの用語に象徴される「厳しい練習」を称えることで、「負け」をポジティブに語る状況が浮き彫りになった。こうした価値観の背景には何があるのかを、日本人のスポーツ観の特徴と関連づけて考察した。新聞記事においてそうした価値観を継続的に語ることには（a）日本人の伝統的アイデンティティを再生産する機能と、（b）競争社会において生産された敗者を救済する機能の2つがあるのではないかと考えられる。

キーワード：スポーツにおける負け、日本人のスポーツ観、新聞記事

1）筑波大学大学院博士課程人間総合科学研究科　　〒305-8574
　　研究生　　　　　　　　　　　　　　　　　　　つくば市天王台1-1-1

How to Describe "Defeat" in Sports :
Reproduction of "Japaneseness" through Yomiuri Shimbun Newspaper Articles

MIYAZAWA Takeshi [1)]

Abstract

In sports, where competition is the fundamental principle, the outcome is everything. While victory is associated with numerous values, "defeat" is only identified as negative. However, sports media, including newspapers, often present defeat as positive. In order to clarify this contradictory sentiment, this paper analyzes how defeat is portrayed by the media, and aims to identify why Japanese newspapers attach positive values to losing.

The newspaper articles referenced in this paper tell stories of defeat in athletics from the post-war period to the present (1946-2016). Articles were collected from the Yomiuri Shimbun morning edition; the newspaper index database, "Yomidas Rekishikan," from the National Diet Library; and the "Nikkei Terekon21." To find the articles, a search was conducted using the keyword "defeat." In total, 4,407 articles were collected and studied using document analysis.

According to the results, in situations where "idealism," such as fighting spirit and grit, was associated with losing, defeat was both criticized and praised. Furthermore, articles that lauded defeat as positive focused on praising teams and individuals for hard work, extensive practice, sincere effort, and discipline. The values that were praised by the articles are widely recognized as honorable in the real world. What lies in the background of these values was discussed in relation to the characteristics of Japanese sports ideology. It is thought that discussing those values has two functions, namely recreating the traditional Japanese identity and consoling the losers in a competitive society.

Key words: defeat in sports, Japanese sports ideology, newspaper articles

---

1) Graduate School of Comprehensive Human Science, University of Tsukuba

1. はじめに

1.1 問題関心

わが国のスポーツは、戦後から高度経済成長期にかけて大衆化と高度化という2つのベクトルで発展・普及し、今や日常生活になくてはならないものとなっており［佐伯, 2006：137］、人びとはスポーツに多様な価値を見出している[1]。三本松は、「スポーツの大衆化が進み、スポーツの社会的意味が重要性を増し、スポーツの機能が多様化するようになると、競技や競争の結果である勝利の威光が拡大されるようになる」［三本松, 1985：43］と述べている。事実、オリンピックや世界大会などに代表される競技志向のスポーツでは[2]、競技における勝利によって金銭的報酬や社会的地位などの様々な利益が獲得されるため、競技者をはじめ競技にかかわる人間の様々な逸脱行為を生み出す状況がある［岡部, 2010：14］といわれる。

その一方で、著名なスポーツ選手たちは「負けること」や「失敗すること」の価値について述べている。元ボクシング選手の長谷川穂積は「負けは悪いことではない、どう負けるか、どう認めるかが大事」と述べており、この言葉からは、「負け」に何らの価値を見出していることが読み取れる。また、スポーツジャーナリストの二宮清純は、「この国においては『敗者の美学』とでもいおうか、敗北を美化する考えが過剰に支持されている気がしてならない。とかく敗者を同情の対象にしてしまう風潮が強いのだ。冷淡な勝者と、悲劇の主人公たる敗者。勝利に必要とされるロジックよりも、敗者の裏にあるストーリーを好む。それが証拠に、この国のスポーツメディアにおいては『涙』や『悲劇』という言葉がバーゲンセールのようにとびかっている」［二宮, 2001：16-17］と、負けを美化する風潮が日本に根づいていると述べている。

これらの言説から、スポーツにおける勝利には、経済的・社会的価値などが見出せる一方で、多くのスポーツ関係者によって「負け」にも、プラスの価値が付与される状況があるように思われる。勝利追及志向が蔓延しているスポーツ界において、なぜ「負け」にもプラスの価値が付与されるのか。そもそもドーピングなどの不正行為が発生するのは、勝利にこそ価値が付随することの表れではないか。しかしながら、人びとは、過度な勝利追及志向を批判し、勝利と相反する「負け」にもまた価値を見出そうとする。この矛盾した事態は、メディアにより「負け」がどう意味づけられているかを把握することでその解明への手がかりが得られると思われる。

そこで本稿では、日本において新聞記事が「負け」をどのように取り上げているかに着目し、新聞記事における「負け」の語られ方を分析・検討する作業を通して、「負け」をポジティブに語る社会的機能を明らかにすることを目的とする。以下では、まず本稿の論点となるスポーツにおける「負け」に関する研究、日本人のスポーツ観に関する先行研究を検討する。つぎに調査の対象と方法、調査結果について述べ、最後に本稿から明らかになったことを論じたい。

1.2 先行研究の検討

わが国においてスポーツの「負け」及び「敗北」をテーマとした研究はあまり多くない。筆者の管見では、「負け」に焦点を当てた代表的な研究は、ケリー［2003］と小澤［2002］によるものと思われる。ケリーは、日本プロ野球を理解するために、阪神タイガースを調査した。彼は4年間の観察を通して、なぜ阪神タイガースは負け続けても人気が衰えないのかという疑問から、スポーツにおける敗北に関心をもった。ケリーによればすべての競技スポーツ、特にプロ・スポーツは勝利の重要性を強調し、成功への要求を高め、失敗を恐れさせるという。こうした状況下において、なぜ繰り返し負け続けても選手たちはプレーを続け、ファンは観戦を続けるのかという問いを立て、その錯綜した

因果関係を検討した。なぜ負け続ける阪神タイガースの人気は衰えないのか。それを解明するためには、4つの要因：1）スポーツに共通する特徴（リーグ制）、2）野球に固有の特徴（明確なテンポラリティ）、3）日本の野球に固有な特徴（内省・反省の慣用語）、4）阪神タイガースに固有かもしれない特徴、のすべてを見出してこそ、はじめて理解できるとしている。要因分析の結果を通してケリーは、勝つことの困難さを理由づけることで、敗北を受け入れる状況を見出している。ケリーの研究は、選手やファンが敗北を受け入れていく過程を検討した点でとても示唆的であるが、「負け」の語られ方に着目し、検討がなされたものではない。

小澤［2002］は、競技スポーツの勝ち負けの評価に、国民性や文化性が反映されていることを指摘し、日本人独自の勝敗観を明らかにしようとした。小澤は、1993年のサッカー・ワールドカップ大会予選において、敗退した日本選手たちの健闘ぶりを称えた日本メディアと、同様に敗退した韓国人選手たちを批判した韓国メディアを事例として取り上げ、敗北の受け取り方にこそ日本人独自の観念を探ることができると仮定し、その「敗北」観に焦点を当てた。また、日本人の勝敗観を検討する際は、日米間の「敗北」に対する心情を歴史的資料を用いて比較検討している。アメリカでは「『敗北』することの意味や価値が問われることがあまりない」のに対し、日本では、挫折や敗北が重要な意味を持つという。その背景には、成功や幸福を求めることなくひたすら完全燃焼することを尊ぶ精神風土があると指摘している[3]。こうした精神風土ゆえに日本人は、成功し栄光をつかむ勝者よりも、不運に見舞われ、健闘むなしく敗れる敗者に、より感情移入する志向があると論じている［小澤，2002：151-157］。

他方、日本人のスポーツ観をテーマとする研究を概観すると[4]、日本人のスポーツ観の一性質として勝利主義が指摘されている［岸野，菅原，川辺］。例えば、菅原［1976］は、わが国におけるスポーツの発展過程を検討し、(1) 求道主義、(2) 勝利主義、(3) 精神主義の3つを日本的スポーツ観の特色としてあげている。また岸野［1968］は、日本の伝統的スポーツとして弓道、剣道、柔道、相撲、犬追物、流鏑馬などを取り上げ、伝統的なスポーツの態度や精神が現在のスポーツにどのような影響を与えているかを検討した。岸野は、伝統的なスポーツの特徴として、「武士道を強調した近世日本の伝統と多少の精神的類似性がみられた」［岸野，1968：15］と述べ、こうした精神が日本的スポーツ観として現在のスポーツにも影響を与えていると指摘した。具体的に日本人のスポーツ観の特色は、：(1) 勝敗主義、(2) 自虐主義、(3) 修養主義、(4) 娯楽性、自然性の欠如、(5) 排他主義の5つであると述べ、勝敗主義とは「遊びを忘れたまじめさの過剰である」［岸野，1968：15］と論じている。さらに、日下［1985］は岸野らが指摘した日本的スポーツ観の形成要因を、外来スポーツの担い手である旧制一高野球部（以下、一高野球部）のスポーツ信条の分析を通して検討している。日下は、一高野球部には「勝たねば恥という『武士』的勝利至上主義、および、精魂を尽くして努力する中から自らの心身、特に精神の修養に役立てなければならぬという『武士道』的修養・鍛錬主義」［日下，1985：31］が存在していたと述べ、そうした精神は、「戦後の『学生野球憲章』の基調として、形を変えて受け継がれていく」［日下，1985：41］と指摘している。

これらの議論を踏まえ、わが国のスポーツにおける「負け」に対する見方・考え方をまとめると、敗北の意味を重要視する精神風土が一方にあり、他方では勝たねば恥とする武士的な精神に規定された価値意識が存在している。では、新聞やテレビなどのメディアはこうした価値意識をどのように語ってきたのだろうか。この点に関して、新聞記事の論説を分析し、新聞記事のスポーツ価値論を論じた西原による先行研究がある。

西原［2006］は、大阪朝日新聞と大阪毎日新聞の甲子園大会に関する論説を分析し、両紙の論説の特徴を説明している。西原によれば、論説において、勝利至上主義に対する否定が一貫して強調され、「精神」「修養」「鍛錬」「スポーツマンシップ」といった言葉を多用していたという［西原，2006：69-73］。西原の研究は、新聞記事を分析し、新聞記事のスポーツ価値論を指摘した点で参考になる。しかし、記事において「勝敗」がどのように語られたかに着目したものではないため、「負け」がどのように表象されたかは不明である。

以上の先行研究の検討を踏まえ、本稿では、新聞記事における「負け」の語られ方に着目し、分析検討する作業を通じて、上述の価値意識がどれだけ「負け」に反映されるのか、「負け」を語ることにどのような社会的機能があるのか考察していく。

2. 調査対象および分析方法

本稿では、戦後から現在（1946年1月1日から2016年7月31日）までの読売新聞東京朝刊の内容分析を通じて、スポーツにおける「負け」の語られ方を分析する。まず、読売新聞東京朝刊を調査対象とした理由は、読売新聞東京朝刊は他の新聞社と比べて高い発行部数を占めており、発行部数の多さは厚い読者層を意味していると考えられるためである[5]。分析の対象期間を戦後から現在までとした理由は、大きく2つある。第一に、1950年以降の約30年間においてスポーツは高度化と大衆化の二つに分化していき、驚異的な変容を遂げたとの報告がなされており［佐伯，2006：137］、そうした状況下で、スポーツにおける「負け」の語られ方に変化が生じたのか否かを明らかにするためである。第二に、谷釜は、戦後以降のスポーツでは優勝劣敗主義が貫かれ、「アスリートたちは競争に勝利することに狂奔するようになった」［谷釜，1995：58］と述べており、優勝劣敗主義が貫かれるスポーツにおいて、「負け」がポジティブに語られることはあるのか否かを把握するためである。こうした理由から、戦後から現在までを対象期間として設定した。

資料は、国立国会図書館のデータベース「ヨミダス歴史館」と松本大学新聞記事索引データベース「日経テレコン21」を使用し、次のような手順で抽出した[6]。

まず、資料を抽出するための見出し語を選定した。見出し語は、スポーツにおける「負け」に関する記事をなるべく価値中立的に収集することが可能な言葉が好ましいと考えた。そこで、角川類語辞典において「負け」の同義語を調べたところ「惨敗、惜敗、敗北、敗れる、敗退」などがあった。惨敗や惜敗という熟語はその言葉自体に価値が含まれていると想定され、負けに関する記事を包括的に把握するための検索語として相応しくない。そこで、惨敗や惜敗などの熟語は除外し、「負け、敗北、敗れる、敗退」を見出し語に設定し、日経テレコン21で1986年から2016年までの記事を検索したところ、「敗北」は714件、「敗れる」は3,271件、「敗退」は4,397件、「負け」は4,347件の記事が抽出された。記事数が多かった「負け」と「敗退」の記事をいくつか読んでみると[7]、「敗退」を見出し語とする記事は、オリンピックや高校野球など開催期間の短い大会における「敗北」を取り上げることが多く、プロ野球やJリーグなど継続的、長期的に試合が行われるスポーツはあまり取り上げられていなかった。「敗退」を検索語に設定すると、スポーツにおける「負け」に関する記事を漏れなく収集することができないと考えられる。一方で、「負け」を検索語とした記事は、網羅的にスポーツにおける「負け」を取り上げていた。そこで本稿では、上述の新聞記事索引データベースで「負け」を見出し語に設定し、検索した（検索日は2016年7月31日から2016年8月23日）。次に、抽出した記事からスポーツに関する記事のみを抽出したところ、スポーツにおける「負け」を

取り上げた記事は 4,407 件あった。抽出された記事はドキュメント分析を用いて、内容を読みとった[8]。なお分析にあたっては、以下の 2 点を各記事がどのように論じているかを把握することで、「負け」がポジティブに語られる要因を探った。第一に、スポーツにおける「負け」は批判すべきものか、もしくは称賛すべきものか。第二に、新聞記事によって「負け」が批判および称賛される際、どのような側面に価値が見出され、語られているかに注目し分析を進めた。

3.「負け」の語られ方

まず、記事全体の特徴を確認しておく。調査対象とした記事 4407 件を「負け」を批判／称賛する記事という視点で選別すると、批判する記事は 1647 件（37.4％）であり、称賛する記事は 631 件（14.3％）あった[9]。次に、スポーツにおける「負け」を取り上げた記事の数は、図 1 のとおり、年を重ねるごとに増加傾向を示している。特に、1970 年代を境に記事数が

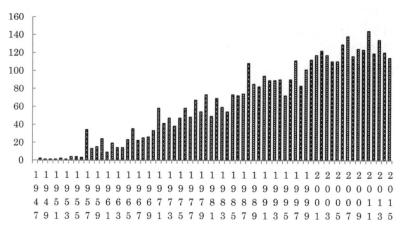

図 1　読売新聞記事数の推移

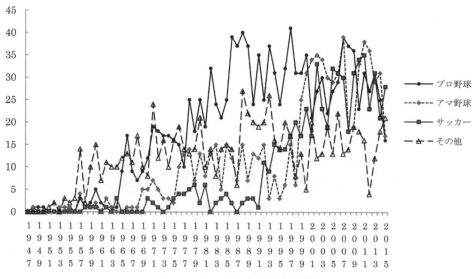

図 2　スポーツ種目別の記事推移数

スポーツにおける「負け」の語られ方

大幅に増加している。また、抽出した記事をスポーツ種目ごとに分類したものが図2である[10]。全体の特徴として、野球を取り上げた記事が大半を占めていた。また、1993年以降、サッカーを取り上げた記事の数が増加した背景には、その年からJリーグが開幕し、試合数が増加したことにより社会的に注目が集まったことが要因として考えられる。このように、スポーツに関する記事数は年々増加しており、社会的に注目されているスポーツ種目が記事となる状況がある。

3.1 「負け」を批判する記事

「負け」を批判的に取り上げる記事の特徴の一つとして、負けた選手やチームの試合に挑む態度を批判し、負けを語る状況がある。たとえば、2003年7月10日の「G投しまった！連夜のサヨナラ負け」と題する記事Aは、日本プロ野球の巨人とヤクルトが対戦し、巨人が負けた時の記事だが、選手たちの闘志の欠如を取り上げ、負けを批判的に取り上げている。

　　昨季の日本一チームに、①闘志はもう消えうせてしまったのか。グラウンドからまるで覇気が伝わってこない。勝機はあった。しかし、勝ち試合をむざむざ落とした。②あまりにふがいない、巨人の"乱戦"だった。（中略）「投打のバランスという部分だろうねえ」。原監督は振り絞るように言った。八、九回、試合のヤマ場が勝負の谷間へと落ち込む場面は、もう見飽きたほどだ。（中略）首位との15ゲーム差を、厳然たる事実として受け止める潔さも必要だ。ただし、負ける悔しさえ忘れかけているとしたら、事態はなお深刻だ。
　　　（記事A：2003.7.10, 21面：丸囲み数字及び下線は筆者による、以下同様）

下線部①「闘志はもう消え失せてしまったのか。グラウンドからまるで覇気が伝わってこない」、②「あまりにふがいない、巨人の"乱戦"だった」では、負けたチームからは闘志がみられないと批判している。また、勝負に勝つためには、覇気や闘志といった精神的な強さが必要であるとの認識がうかがえる。こうした、闘志の欠如を理由として「負け」を批判し、取り上げる状況は、以下の記事Bのように日本の国技である相撲においても同様にみられる。

　　輪島と並んで"学士関取"で人気を集めている十両筆頭の長浜が、とうとう負け越した。前場所十両優勝し、入幕は時間の問題といわれていただけに、期待を裏切ったのもはなはだしい。「昨年暮れに右足首をネンザするまでは、だれとやってもこわくなかったのだが、けがをしてがっくりした。①十日ばかりけいこを休んだし、食欲もなく、体重も5キロ減った」と、しゃべることはすべて弱音。②土俵上でもまったく闘志がなく、この日は栃葉山に三回も"待った"をしたあげくに、もろ差しになりながら攻め込まれ、うっちゃりを見せたが物言いがついて取り直し。今度は左四つでつり上げたが、左外掛けであっけなく倒れた。③心身ともに完全に委縮してしまっている。師匠の時津風親方は「④もともと気が弱いところへ、いままで負け越した経験がないので、こんなことになったのだろう。これからは、苦しみを乗り切れるような努力が必要だ」といっている。「あと五日間、一番でも多く勝っておかなければ」の声にも、長浜は「そうですね」と、元気なく答えただけ。貴ノ花のように、人気と実力が一致するのはいつの日であろうか。
　　　（記事B：1971.1.20, 11面）

下線部②「土俵上でもまったく闘志がなく」、③「心身ともに完全に委縮してしまっている」では、「闘志のなさ」や「委縮している」といった精神的な弱さを強調し、負けた選手を批判する姿勢を読み取れる。また、下線部①「十日

ばかりけいこを休んだ」、④「苦しみを乗り切れるような努力が必要だ」の表現からは、勝利のためには、苦しみを乗り越えるほどの練習や訓練が必須であるという価値観を読み取ることができる。さらに、そうした「けいこ不足」が「弱音」を口走るような弱い精神状態に陥る原因となっているとも解釈できる。このように、「負け」を批判する記事は、「闘志」などの精神面の欠如を強調し、敗北者を語る傾向がある。そして、そうした精神力の弱さは「練習・努力」不足の結果であるという認識を読み取ることができる。この記事と同様に、練習不足を敗因に取り上げ、「負け」を批判する記事として、1977年4月3日の「石松、六回KO負け"本業"どっち！敗戦当たり前」と題する、以下の記事Cがある。記事は努力を疎かにした選手を批判し、練習に対する中途半端な姿勢を敗因として取り上げている。

　　石松の脳裏をかけめぐったのは、タイトルへの未練か、それとも無残な敗戦への屈辱感だったろうか。一時代を画したボクサーが敗れる瞬間は、悲壮感が漂うものだが、石松の場合にそれがなかったのはなぜだろう。リングにはいつまでも座ブトンの雨が続いた。バスタオルを頭からすっぽりかぶったままインタビューに応じた石松。「相手が強かったんだ」と小声でつぶやいただけ。米倉マネージャーが代わって答えた。「①<u>負けたから言うのじゃないが、石松は少し練習をすべきだった。"副業（テレビタレント）"ばかりではね。</u>ベテランのことだし、自分のことは自分で管理するというから信じていたんだが。」この試合の契約がまとまったのが一月初旬。中旬ごろからやおら体づくりを始めたが、そのころの体重がなんと80キロ。一階級上げての挑戦とはいえ、二ヶ月半でリミットまで落とすには16キロの"肉体"を削り落とさねばならない。（中略）この②<u>過酷な減量苦に再び耐え抜く体力がなかったことは、この夜の試合がすべて証明していた。</u>ライト級時代、切り抜けてきた体験を石松は過信していたのか、③<u>練習期間中も"副業"が幅をきかせた。</u>「④<u>あんなにボディーが打たれもろいというのは、身のはいった練習をやってなかったということだ。世界戦を甘く見過ぎている</u>」と、元世界フライ級王者の白井義男氏は手厳しい。石松はこの試合で、挑戦者としては破格の千二百万円を手にする。「⑤<u>金欲しさだけでリングに上がったのだろう</u>」というファンの声が本当だったら、上がった者も上げた者もこれに過ぎるリングへの冒とくはあるまい。

　　　　　　　　　　（記事C：1977.4.3, 17面）

　下線部①「負けたから言うのじゃないが、石松は少し練習すべきだった。"副業（テレビタレント）"ばかりではね」では、石松の試合までの過程を皮肉交じりに批判する姿勢を読み取ることができる。また、下線部④「ボディーが打たれもろいというのは、身の入った練習をやってなかったということだ」と負けた選手の練習態度の怠慢さが敗北につながったとの認識がみられる。そして、下線部③「練習期間中も"副業"が幅をきかせた」、⑤「金欲しさだけでリングに上がったのだろう」からは、勝利するためには、ボクシングの厳しい練習に励み、副業は言語道断であるという価値意識をかいまみることができる。

　ここまで、負けを批判する記事を確認してきたが、記事の特徴として、負けた選手やチームの「気力や根性の欠如」といった精神的な側面を強調し、批判的に負けを語る状況がみられた。そして、精神的な弱さは「努力不足や練習への怠慢な姿勢」が原因であるという価値意識を見出すことができる。

3.2 「負け」を称賛する記事

　以下では、負けた選手やチームを称賛し、取り上げた記事の特徴を確認していく。まず、「負

け」をポジティブに語る際の特徴の一つに、選手やチームの試合に挑む姿勢を取り上げ、パフォーマンスを称賛する点がある。下記の「黒木判定負け、王者からダウン奪う　同僚ら健闘たたえる」と題する記事Dは、ボクシング世界タイトルマッチで挑戦者の黒木がチャンピオンに敗北した時の記事であるが、負けた選手を称える状況がみられる。

「①あと一歩」「かっこいいファイトだった」。27日、有明コロシアムで行われたヤマグチ土浦ボクシングジムに所属する黒木健孝選手の世界タイトルマッチ。チャンピオンのオーレドン・シッサマーチャイ選手に惜しくも判定負けを喫したが、終盤にダウンを奪うなど王座奪取にあと一歩のところまで迫った。②応援に駆けつけたアルバイト先の同僚ら約200人は最後まで声援を送り続け、試合後は黒木選手の大健闘をたたえた。判定は３対０でチャンピオンの勝ちだったが、ジャッジ３人のうち、２人が１ポイント差、１人が２ポイント差の僅差。試合後、リング上で黒木選手が深々と頭を下げると、観客から惜しみない拍手が送られた。（中略）黒木選手がアルバイトをする土浦市のラーメン屋「山岡家」の応援団長で、同阿見店長の森田勝也さんは「③最後の追い込みはすごかった。もう１ラウンドあれば」と悔しそうに話し、土浦店の同僚、玉川勉さんは「④かっこいいファイトだった。黒木選手が戦い続ける限りずっと応援したい」と大健闘をねぎらった。（中略）母・真理子さんは「⑤根性出して戦ってくれた。『よう頑張った』と声をかけてやりたい」と声を詰まらせた。試合後、黒木選手は「負けは負け。遠い所から応援に来てくれた人たちには、こういう結果になって『すいません』と言いたい」と潔く負けを認めた。

（記事D：2010.3.28，33面）

記事Dにおいて、結果は３対０の判定負けにもかかわらず、下線部②「黒木選手の大健闘をたたえた」と選手のプレーを称賛する姿勢がみられる。選手の試合中の態度を映し出す状況は、下線部①「あと一歩」「かっこいいファイト」、③「最後の追い込みはすごかった」からも見出すことができる。また、下線部⑤「根性出して戦ってくれた。『よう頑張った』」と選手の根性を称賛し、「負け」をポジティブに語っている。ところで、「負け」を批判する記事において、「敗北」の要因に"努力"不足を取り上げ、批判する状況を見出したが、以下の記事Eでは、選手が取り組んできた練習内容を取り上げ、その"努力"が勝利に結びつかずとも、称賛する状況がある。

　始業前の学校の裏道。朝日を浴びた二つのイガグリ頭が黙々と駆ける。そんな光景に片桐貞志教諭が気づいたのは今年五月の半ばだった。攻玉社高の衣笠一歩君がレギュラーを目指してチームメートと二人で始めた朝練習だ。（中略）イッポちゃん。努力家の衣笠君を仲間は親しみを込めこう呼ぶ。身長一メートル七五、体重五十八キロのほっそりタイプ。運動神経に恵まれた方ではなく、バスケット部だった中学時代もほとんど試合に出たことがない。
　二回戦、対大森工戦の三日前、腰痛を訴えた。藤田陽一監督が尋ねると「①素振りを毎日七百回やってますから」との答え。「細い体でそこまでやれるのか」。藤田監督は言葉を失った。普通の高校生なら二、三百回がいいところだ。（中略）試合当日、衣笠君の熱意が通じたのか、ライトでの先発起用が告げられた。公式戦のスタメンは二年生の春以来だった。三回表の初打席。鋭く振り切った当たりは、ピッチャーの右を抜け、センター前に転がった。味方の四球などで勝ち越しのホームも踏んだ。試合は九回サヨナラ負け。しかし、衣笠君に涙はなかった。「みんなについていこうと、②人の三、四倍練習しまし

た。あんなきれいなヒットを打ったのは初めてです」最後の夏に刻みつけたクリーンヒット。③生涯忘れられない努力の末の第一歩だった。

（記事E：1990.7.22, 26面）

下線部①「『素振りを毎日七百回やってますから』との答え。『細い体でそこまでやれるのか』。藤田監督は言葉を失った。普通の高校生なら二、三百回がいいところだ」と、下線部②「人の三、四倍練習しました」では、敗者の"努力"を具体的に記し、その努力がヒットという形で表れたと称賛している。しかし、仮に人の何倍もの練習をしても、勝利という最高の結果に結びつくことはなかったという切なさも読み取ることができる。記事の下線部③「生涯忘れられない努力の末の第一歩だった」では、"努力"は報われるという考え方と、練習をしたとしても、時には報われないこともあるといった二重の考えが入り交じる状況が読み取れる。そして、そのような状況こそが人生であり、「負け」はこうした人生の一端を体験できる点で生涯忘れられないものである、といった価値観を読み取ることができる。

以上、スポーツにおける「負け」の語られ方を2つの視点—「負け」を批判する場合と称賛する場合—から分析した。記事の分析を通して、負けを批判的に取り上げる記事では、敗者の「闘志や根性などの欠如」や「練習不足などの怠慢な態度」を強調し、負けを批判する状況がみられた。一方で負けを称賛する記事では、敗者の「気合や根性」や「熱心に練習に取り組んだ姿勢」を取り上げ、負けをポジティブに語る状況がみられた。すなわち、それは、気合や根性といった精神的側面を「負け」と結びつける状況と、厳しい練習や努力を重ねるべきといった修養主義的思想を強調する姿勢、の2点が「負け」を語る際の基盤となっていると考えられる。こうした「負け」と精神的側面を結びつける背景には、日本人のスポーツ観があるように思われる。そこで以下では、負けに"精神的な要素"を結びつける背景に、日本人のスポーツ観が基盤にあるとの仮説を立て、日本人のスポーツ観と新聞記事の類似性について考察する。

4．新聞記事における日本人のスポーツ観の表象

本節では、記事の分析から浮き彫りにした2つの「負け」の語られ方を日本人のスポーツ観と関連づけて考えてみたい。すでに1-2で述べたように日本人のスポーツ観は「勝利主義」、「修養主義」、「精神主義」と言い表されてきた。それは川辺が指摘しているスポーツにあることを成し遂げる不撓不屈の精神力、意志力を志向する、という姿勢であろう［川辺，1980：263］。こう川辺らが指摘する「日本人のスポーツ観」は、「負け」を取り上げた記事の随所に表われている。例えば、負けを批判する記事でみられる「土俵上でもまったく闘志がなく」（読売新聞1971年1月20日付）や「最後に出たのが我慢の足りなさ」（読売新聞2009年7月19日付）といった精神的側面を敗因として語る様は、日本的スポーツ観である「精神主義」に背く行為として批判されているように考えられる。一方で、「負け」を称賛する記事でみられる「最後の瞬間まで戦いとおした闘志はむしろ称賛すべき」（読売新聞1961年6月28日付）や「選手の執念はたいしたものとほめることも忘れなかった」（読売新聞1994年8月18日付）は、負けたとしても日本人のスポーツ観に準える行為としてポジティブに語られる状況がある。

次に、厳しい練習や努力を重ねるべきといった修養主義的思想を強調する点について、負けを批判する記事でみられる「石松は少し練習をすべきだった。"副業（テレビタレント）"ばかり」（読売新聞1977年4月3日付）「試合前のフリー・バッティングで二十本ぐらいうつだけで、

上手くなるはずがない」（読売新聞 1955 年 5 月 6 日付）は、厳しい練習に打ち込まない選手を批判している。その一方で、負けを称賛する記事では「選手は厳しい練習に耐え、よく頑張ってくれた」（読売新聞 2007 年 7 月 17 日付）「入部当時はボールをコントロール出来なかった選手たちが、よくここまで成長したとねぎらった」（読売新聞 2011 年 1 月 10 日付）と述べられており、厳しい練習に耐え努力する姿勢は日本的スポーツ観の修養主義を順守した例として、「負け」をポジティブに語っている。

　こうした状況は見田やホワイティングの見解とも一致する。現代日本の精神構造を研究した見田は、日本人の成功観として努力の意義を信じる傾向があることを述べている［見田, 1965：66-68］。見田は日本人の精神構造を研究するうえで、日本テレビのテレポート委員会が 1963 年に行なった全国世論調査のうち日本人の人生観にかかわる項目を 3 つ取り上げ、分析した。項目の一つには、成功観に関する項目が設けられており、「いまの世の中で、成功するために必要な条件」を聞いた設問では、「努力」が最大で、「能力」と「チャンス」がこれに次いでおり、この 3 項目で全体の 80％を占めていることを指摘している。見田の見解と同様に、日本において「努力」を重要視する思想が存在することは日本の野球とアメリカの野球を比較したホワイティングの見解からも見出せる。ホワイティングは『和をもって日本となす』の一節で、日本人は「努力を重視する傾向がきわめて強く、どれだけがんばったかということを、人間に対する最終的な評価と考えているひとも少なくない」［Whiting, 1989：訳書 44］と述べている。つまり、努力や頑張りを称賛することで「負け」をポジティブに語る状況がみられる。特に、高校野球を取り上げた記事では、そうした姿勢がよりみられた。下記の「負けて得るもの」と題する記事 F はその典型的な記事といえる。

　この夏、数々の涙を見てきた。ぼう然と立ちつくす選手。頭を抱えて動かない選手。「僕の失敗がなければ」と泣き崩れていた選手もいた。勝ったのはたった 1 校。その後ろには 66 校分の悔しさとともに、負けた選手たちの様々な思いが眠っている。決勝まで残った選手たちの言葉にも、重みがあった。戸崎選手は「甲子園が目の前だったのに」と悔しさをにじませながら、「①チームワークがどういうものか、この試合で分かった」と言葉をつないだ。外野の控えだった渡辺選手も「②頑張ればここまでできると分かった。最高のチームです」と言い切り、2 年生の阿部選手も「③この夏で精神的に成長したような気がします」と話した。悔し涙はただの涙で終わらない。球児たちは負けることで何ものにも代え難いものを得たような気がする。

（記事 F：2000.8.1, 28 面）

「チームワークがどういうものか、分かった」「頑張ればここまでできると分かった」「精神的に成長した」「負けることで何ものにも代え難いものを得た」は、頑張ること＝努力の重要性、精神的な成長＝精神主義的思想を表している。また、こうした価値意識は高校野球に限らず他のスポーツ種目でも多くみられた。例えば、バレーを取り上げた記事の一句では「厳しい練習を通じて、気持ちの弱さの克服を目指してきた」（読売新聞 2011 年 1 月 10 日付）と練習を通して精神力の強化を図ってきたと精神面を強調する姿勢を見出せるし、相撲を取り上げた記事の一句「土俵は気力の勝負。そこで負けちゃいけない」（読売新聞 2010 年 7 月 22 日）では、精神的な側面が勝敗を左右する重要な要素であることが示されている。すなわち、高校野球に限らずスポーツの「負け」を取り上げた記事は、戦後以降の急激な社会情勢の変化を受けず、常に日本人のスポーツ観を語り続けてきたといえる。

　以上のように、「負け」の語られ方には日本

人のスポーツ観が大いに反映されていた。次節では、こうして「負け」をポジティブに語ることにどのような機能があるのか考えてみたい。

5. 負けをポジティブに語る社会的機能

「負け」をポジティブに語ることの社会的機能を検討するにあたり、ケリーの言説を解釈の手がかりに考えてみたい。ケリーによれば、多くの人びとにとってスポーツは勝利よりも敗北を意味しており、「努力が勝利と結びつくことはめったになく、むしろ多くの場合、努力しても敗北に終わる」［ケリー，2003：2］という。こうした状況で、「負け」をポジティブに語ることには大きく2つの機能があると考える。それは、(a) 日本的な価値観を反復し、「日本人」の伝統的アイデンティティを再生産する機能と(b) 競争社会における「敗北」の処理方法を示し、敗者を救済する機能である。以下では、この2点について論じていきたい。

5.1 「日本人」らしさの再生産

まず、(a) の結論を先に述べると、購読者である受け手は記事で語られる価値観に共感し、その価値観が内面化され、それが伝播していくことで"日本人"らしさが再生産されるのではないかということである。こうした"日本人"の伝統的アイデンティティの再生産は、高校野球を分析した研究で触れられている。小椋［1994］によれば、「甲子園の言説では、競争や勝利の価値を第一にはおいていない。少なくとも建前上は。それよりも苦しい練習の過程でつかんだ精神的な価値が何よりも大切だと説明される。科学的合理主義や技術は大切だが、それよりもまず何事にも最後まで頑張り抜く、不屈の闘志と、精神力が重要視される」［小椋，1994：173］と、夏の風物詩である高校野球において、日本的スポーツ観が重要視されていることを述べている。また、甲子園は精神力や根性という言葉に代表される理想的、伝統的に信じられてきた日本人のアイデンティティを確認させてくれる国民的行事であるという指摘もある［松田，1994：41］。つまり、甲子園は日本人の「伝統的な価値基準や、心のあり方を多くの日本人に示す手本として存在している」［小椋，1994：174］。こうした見解に関連づけて考えると、「負け」と精神論を結びつけ、努力を称賛し表象することは、甲子園の言説と同じ機能を持ち合わせていると考えられる。

高校野球にかぎらず、「負け」を語る際の特徴は、敗者の闘志や根性などが欠如する場合は敗者を非難し、「負け」を批判的に捉える。その一方で、敗者の闘志や根性などが存在する場合は、「負け」を称賛することであった。すなわち、日本人の伝統的な価値基準に背く行為であれば批判され、順守すれば称賛されるという仕組みである。こうした状況は、スポーツとは精神修養であるという甲子園の言説と同様に、日本人の伝統的な価値基準や心のあり方を多くの日本人に示し、日本的スポーツ観をすり込ませるように作用しているのではないかと考えられる。繰り返しになるが、スポーツ場面において勝利よりも敗北を経験するほうが日常的であるというように［ケリー，2003：2］、多くの人は勝利を経験するよりも敗北を経験する機会が多いはずだ。そして、競技スポーツでの敗者は、努力や精神力を基調として猛練習に打ち込んできた人びとであろう。そうした状況は、新聞やテレビといったマスメディアによって伝達されている。分析の対象となった読売新聞東京朝刊の発行部数は1980年以降、常に500万部を超えており、単純に考えてもわが国の約20分の1の人びとは、スポーツにおける「負け」に精神論を付与された記事を読み、スポーツに触れている。小澤［2002］が日米間の勝敗観を比較した際の「日本人はとりわけ敗者に対して共感し、感情移入する国民性を持っている」［小澤，2002：157］という見解に従えば、「負け」に根性などの日本的なスポーツ観を付与し表象することによって、日本的スポーツ観は多く

の人びとに共感され、浸透していくといった作用が働くのではないかと考えられる。つまり、「負け」に日本的なスポーツ観―根性などの精神論―を付与し、表象することによって、その記事を読んだ人びとは、負けに付与された価値観に共感し、それが伝播していくような状況があるのではないか。そうして"日本人"らしさが再生産されるのではないかと考えられる。

5.2 競争社会における敗者の救済としての表象

次に、新聞記事において「負け」を取り上げることの意味を社会構造という大きな枠組みで考察してみたい。

敗戦から日本は、西欧先進諸国に追いつけ追い越せをスローガンとして急激な発展を遂げてきた。その際に重要な時期として取り上げられるのが敗戦から高度経済成長期である。岡部によれば、「高度経済成長を成し遂げるためには、社会における人間的な資質の問題が取り上げられ、労働力としてみなされる人間の効率的な養成が考えられていた」。そのため、「国際競争に勝利し、目標を達成するための『人間つくり』『人間形成』を問題としていたといえる」[岡部, 2012：139]。この岡部の見解からわかるように、国際競争、つまり競争社会に勝利する「人間つくり」「人間形成」がわが国にとって重要なテーマであった。こうした競争社会では、スポーツ同様に競争が基本原理として働くことで、勝者と敗者が生産される。こうした社会における勝者や敗者をもっともわかりやすく、頻繁に映し出すのがスポーツにおける「勝敗」である。

上杉［1995］は、産業社会―経済的利益を合理的に追求しようとする社会―において、「人びとは結果をめざしてひたすら勤勉に努力することになる。生産を重視する過程にみられる禁欲主義的性格が勤勉や努力の価値を高めるのであり、それらはまた競争社会における倫理にもなっている」[上杉, 1995：5-6]と述べ、そうした競争社会におけるスペクテイタースポーツ（観戦するスポーツ）の役割を以下のとおり論じている。「スペクテイタースポーツは競争社会の弱点を補強する点においても大きな貢献をする。競争社会は勝利が全ての者に平等にいきわたる社会ではなく、そこに生きる誰もが一度は敗北の惨めさを味わうのである。そこでもし敗者が次の競争への参加意欲をなくし、競争システムからドロップアウトしていけば、競争社会は担い手を失い停滞することになる。したがって競争社会が維持されるためには、全ての者にたえず競争に参加し続ける意欲を持たせることが必要となる。スペクテイタースポーツは勝利への希望を与えることによって、実生活の中で体験する敗北の挫折感から人びとを救済する役割を果たすのである」[上杉, 1995：5-7]と、競争社会においてスポーツ観戦をする意味を論じている。つまり、スポーツ観戦は、競争社会における敗者の挫折感を払拭する機能を持つという。

競争社会において、敗者が次の競争に参加し続ける社会を作らなければならない。そのためには、上杉のいうスペクテイタースポーツが果たす役割―勝利への希望を与え、敗北の挫折感から人びとを救済すること―は重要である。しかしながら、勝利への希望を持つためには、先ず敗北に対処する作業が必要だと思える。つまり、何かしらの方法で敗北を処理した後に、スポーツ観戦によって勝利への希望をもち敗北の挫折感を払拭するという仕組みである。筆者は、新聞において「負け」にプラスの価値を付与し、語ることに敗北の処理方法の一つを示す機能があると考える。それは酒井が指摘している「敗北をどう処理するか」という点に関連する。酒井［2007］は「資本主義的な競争社会は、競争に勝つという『希望』を持ち続けることによって維持される制度（個人は敗北を絶えず経験するが）であるため、人びとに競争に参加し続けてもらう必要性がある」と競争社会の仕組みを示し、そのためには「敗北」をどう処理するかが死活問題であると論じている。酒井によれ

ば、人びとを競争に参加させるためには、「『敗北』をいかに表象するかが重要な問題となっており、敗北を物語化したり、映像化したりして、敗北の対処を表象する必要性がある」［酒井，2007：7-12］と述べている。この見解に従えば、スポーツにおける「負け」を称賛し表象することは、「敗北」にどう対処するかを示す一つの「型」であり、表象する際に付与された価値観に準じて「敗北」を処理しているのではないか。こうした視点に立つと、スポーツにおける「負け」をポジティブに語ることには、競争社会によって生産された多くの敗者を救済する機能を見出すことができるのかもしれない。

6．まとめにかえて

　本稿で試みてきたことは、日本の新聞記事が「負け」をどう語り、どう意味づけているかを分析・検討する作業を通して、一見価値のないように思える「負け」がポジティブに語られる意味を明らかにすることであった。そのために、1946年から2016年までの「負け」を取り上げた記事を扱った。記事の内容分析では、スポーツにおける「負け」を批判する場合と称賛する場合の2つの視点から記事を分析した。分析の結果、「負け」の語られ方には共通する点を見出すことができた。それは「敗者」の根性や努力の欠如を示し「負け」を批判的に語る状況と、それとは逆に「敗者」の根性や努力を称賛し「負け」をポジティブに語る状況がみられた。そして、その価値意識の形成過程には日本人のスポーツ観といわれている「武士道的精神」に規定された価値観が関与していることを論じてきた。さらに、こうして負けをポジティブに語ることには、(a) 日本人の伝統的アイデンティティを再生産する機能と、(b) 競争社会において生産された敗者を救済する機能の2つがあるのではないかと考えられた。しかしながら、これらを明確に論じるには、実際の敗者（競争に参加し敗北したもの）が「負け」をどう意味づけているかを実証的に検討しなければならないだろう。

　なお、本稿では読売新聞東京朝刊の一紙のみを扱い「日本人のスポーツ観」を論じてきたが、それが日本に特異的な状況であると論じるためには、他の新聞および諸外国の状況を把握し比較することが必要となる。したがって、日本における「負け」の語られ方の特異性を論じるためには、他の新聞および諸外国における「負け」の語られ方との比較考察が必要となるだろう。

謝辞

　本稿は、松本大学大学院提出の修士論文の一部に加筆・修正を行ったものである。執筆にあたり、ご指導して下さった多くの皆様に心より感謝申し上げる。

【注】

1) 本稿で取り扱うスポーツは、「プレイの性格をもち、自己または他人との競争、あるいは自然の障害との対決を含む運動」［ICSPE, 1968］と定義されるような、プレイと競争を基本原理とする近代以降のスポーツである。
2) ここでいう競技志向のスポーツとは、業績や成績に価値を置く競技スポーツを意味する［井上，1999：14］。
3) 小澤は、日本人の敗北観を論じるうえでアイヴァン・モリスの言説を引用している。モリス［1981］は、日本人にとって敗北が重要な意味を持つという。彼によると、日本人の国民性の中に「勇気ある敗者たちへ惹きつけられるという感情」［Morris, 1981：訳書7］が深く根をおろしているという。
4) スポーツ観とは、「社会における人間とスポーツをめぐる観念」［三本松，1988：26］であり、「国によってスポーツに対する態度や価値意識に違いがみられる」［山口，1988：57］と考えられている。
5) 調査対象の選定にあたり、パイロットスタディとして「朝日新聞」、「毎日新聞」、「読売新聞」の1946年から1985年までの状況を把握した。資料は新聞索引データベース「聞蔵Ⅱビジュアル」と「毎索」において、「負け」を見出し語として検索した。検索の結果、スポー

ツにおける負けを扱う記事は、朝日新聞において748件、毎日新聞においては521件抽出された。抽出された記事をいくつか読んでみると（両紙ともに全体の記事からランダムに抽出した200件）、三紙の内容に大きな論調の違いはなかった。本稿では、全ての記事に目を通すことを方法としたため、三紙全てを分析することは難しいと判断し、発行部数の多い読売新聞を調査対象とした。ただし、朝日及び毎日については、1985年以降の記事を収集しておらず、分析データの比較作業はしていないため、その点は課題となる。

6) 新聞記事の収集にあたって、1946年1月1日から1985年12月31日までは「ヨミダス歴史館」を用いて記事を収集し、1986年1月1日から2016年7月31日までを「日経テレコン21」を用いて記事を収集した。1986年以降の記事を検索する際に「ヨミダス歴史館」を利用しなかった理由は、1986年以降の「ヨミダス歴史館」を利用して記事を検索する際は、見出し語検索ができず、1986年以前の検索方法と異なってしまうからである。また、「日経テレコン21」は、戦後から1984年までの読売新聞社の記事を抽出することはできないが、1985年以降は、読売新聞社の記事を検索することができ、見出し語検索ができるため1986年以降の新聞記事を検索する際は、「日経テレコン21」を利用し、記事を収集した。

7) 「敗退」を見出し語に扱う記事は、抽出した記事の見出し語を確認し、全体の傾向を把握したうえで、ランダムに抽出した100件の記事内容を分析することで、記事の内容を把握した。

8) ここでいうドキュメント分析とは、社会調査における質的調査の一手法であり、ドキュメント―自伝や手紙、新聞記事などの質的データの材料―を素材として分析し、「人々の生活ぶりや人々の生活に影響を与える事がらといった社会事実を読み取り、社会について考える方法である」[永野,1999:259]。片桐［1997］によれば、ドキュメントは「作成者の動機や意図を指し示す証拠として取り扱われる。つまり、ドキュメントの背後には人々の解釈過程が存在すると想定され、人々の解釈過程が具体化されたもの」［片桐,1997:39］という。したがって、本稿で扱う新聞記事を読み取ることで人びとの生活に影響を与える事がらといった社会事実を浮き彫りにすることができると想定される。

9) 批判及び称賛する記事の数については、一つの記事のなかで「負け」を批判および称賛するような記事があり、そうした場合は、両者にカウントした。また結果のみを扱う記事については対象外とした。

10) 野球を取り上げた記事が多かったため、日本プロ野球に関する記事をプロ野球とし、他の野球に関するものをアマチュア野球に関する記事として分類した。競技種目の選定については、記事数の多かった「プロ野球」、「アマ野球」、「サッカー」を独立させ、他のスポーツの中でも比較的記事数の多い「ボクシング」、「相撲」、「バレー」を「その他」としてまとめた。

【文献】

江刺正吾・小椋博編，1994，『高校野球の社会学―甲子園を読む』，世界思想社.

井上俊・亀山佳明編，1999，『スポーツ文化を学ぶ人のために』，世界思想社.

片桐隆嗣，1997，「質的調査の技法」，北澤毅・古賀正義編〈社会〉を読み解く技法―質的調査法への招待―』，福村出版.

川辺光，1980，「日本人のスポーツ観の構造的特質」，『東京外国語大学論集』30，251-269.

ケリー．W．W，2003，「スポーツにおける敗北」，『スポーツ社会学研究』11，1-12.

岸野雄三，1968，「日本のスポーツと日本人のスポーツ観」，『体育の科学』18（1），杏林書院，12-15.

日下裕弘，1985，「明治期における『武士』的，『武士道』的野球信条に関する文化社会学的研究」，体育・スポーツ社会学研究会編『体育・スポーツ社会学研究』4，23-44.

見田宗介，1965，『現代日本の精神構造』，弘文堂.

Morris, I., 1975, The Nobility of Failure; Tragic Heroes in the History of Japan.（斉藤和明訳，1981，『高貴なる敗北―日本史の悲劇の英雄たち』，中央公論社.）

二宮清純，2001，『勝利の思考法』，PHP新書.

西原茂樹，2006，「1910～30年代初頭の甲子園大会関連論説における野球（スポーツ）の教育的意義・効果に関する所説をめぐって―『大阪朝日』『大阪毎日』社説等の分析から―」，『立命館産業社会論集』41（4），65-83.

岡部祐介・友添秀則・吉永武史・稲葉加奈子，2010，「マラソン競技者・円谷幸吉の自死に関する一考察」，『スポーツ教育学研究』30，

13-23.

岡部祐介・友添秀則・春日芳美, 2012, 「1960年代における『根性』の変容に関する一考察―東京オリンピックが果たした役割に着目して―」, 『体育学研究』57, 129-142.

大谷信介・木下栄二・後藤範章・小松洋・永野武編, 1999, 『社会調査へのアプローチ―論理と方法』, ミネルヴァ書房.

小澤英二, 2002, 「日本人の勝敗観」, 中村敏雄編『日本人とスポーツの相性』, 創文企画, 143-166.

佐伯年詩雄, 2006, 『現代スポーツを読む―スポーツ考現学の試み』, 世界思想社.

酒井直樹, 2007, 『日本／映像／米国―共感の共同体と帝国的国民主義』, 青土社.

三本松正敏, 1985, 「勝利至上主義・商業主義が少年スポーツクラブに及ぼす功罪」, 日本学校体育研究連合会編『学校体育』38, 40-45.

三本松正敏, 1988, 「スポーツの文化システム」, 森川貞夫・佐伯聰夫編, 『スポーツ社会学講義』, 大修館書店, 20-31.

菅原禮, 1976, 「日本的スポーツ風土の社会学的考察」, 『新体育』46（4）, 22-25.

谷釜了正, 1995, 「前近代のスポーツ」, 稲垣正浩・谷釜了正編, 『スポーツ史講義』, 大修館書店, 58-69.

上杉正幸, 1995, 「消費社会におけるスペクテイタースポーツ」, 『スポーツ社会学研究』3, 1-11.

Whiting, R., 1989, You Gotta Have Wa.（玉木正之訳, 1990, 『和をもって日本となす』, 角川書店.）

山口泰雄, 1988, 「日本人のスポーツ観」, 森川貞夫・佐伯聰夫編, 『スポーツ社会学講義』, 大修館書店, 56-67.

読売新聞, 1955, 5月6日付　朝刊.
読売新聞, 1961, 6月28日付　朝刊.
読売新聞, 1971, 1月20日付　朝刊.
読売新聞, 1977, 4月3日付　朝刊.
読売新聞, 1990, 7月22日付　朝刊.
読売新聞, 1994, 8月18日付　朝刊.
読売新聞, 2000, 8月1日付　朝刊.
読売新聞, 2003, 7月10日付　朝刊.
読売新聞, 2007, 7月17日付　朝刊.
読売新聞, 2009, 7月19日付　朝刊.
読売新聞, 2010, 3月28日付　朝刊.
読売新聞, 2010, 7月22日付　朝刊.
読売新聞, 2011, 1月10日付　朝刊.
読売新聞, 2009, 7月19日付　朝刊.
読売新聞, 2010, 3月28日付　朝刊.
読売新聞, 2010, 7月22日付　朝刊.
読売新聞, 2011, 1月10日付　朝刊.

平成29年7月26日　　受付
平成29年12月1日　　受理
平成30年1月30日　　早期公開

【海外文献紹介】

「スポーツ研究の国際動向把握に向けた基礎的検討」の報告（2）
―IRSS 掲載論文のタイトル一覧―

青野桃子（一橋大学大学院社会学研究科博士後期課程）

前号から IRSS 掲載の原著論文のタイトル一覧の掲載を始めており、第 2 回目の今回は 2011 年から 1989 年までの原著論文のタイトル一覧を掲載する。

◆ 2011 年

Ann Travers and Jillian Deri, 2011, Transgender inclusion and the changing face of lesbian softball leagues, 46(4).

Stacey Pope, 2011, 'Like pulling down Durham Cathedral and building a brothel': Women as 'new consumer' fans?, 46(4).

Merrill J Melnick and Daniel L Wann, 2011, An examination of sport fandom in Australia: Socialization, team identification, and fan behavior, 46(4).

Darragh McGee and Alan Bairner, 2011, Transcending the borders of Irish identity? Narratives of northern nationalist footballers in Northern Ireland, 46(4).

John Kelly, 2011, 'Sectarianism' and Scottish football: Critical reflections on dominant discourse and press commentary, 46(4).

Alistair John and Steve Jackson, 2011, Call me loyal: Globalization, corporate nationalism and the America's Cup, 46(4).

Andrew Jennings, 2011, Investigating corruption in corporate sport: The IOC and FIFA, 46(4).

Douglas Booth, 2011, Olympic city bidding: An exegesis of power, 46(4).

Hans Vangrunderbeek and Jan Tolleneer, 2011, Student attitudes towards doping in sport: Shifting from repression to tolerance?, 46(3).

Jacquelyn Allen-Collinson and John Hockey, 2011, Feeling the way: Notes toward a haptic phenomenology of distance running and scuba diving, 46(3).

Lyndsay MC Hayhurst, Brian Wilson, and Wendy Frisby, 2011, Navigating neoliberal networks: Transnational Internet platforms in sport for development and peace, 46(3).

John N Singer and Reuben A Buford May, 2011, The career trajectory of a Black male high school basketball player: A social reproduction perspective, 46(3).

Jimoh Shehu and Moses Moruisi, 2011, Influence of sport on personal development and social investment among Botswana Olympic athletes, 46(3).

Lesley Phillpots, Jonathan Grix, and Tom Quarmby, 2011, Centralized grassroots sport policy and 'new governance': A case study of County Sports Partnerships in the UK – unpacking the paradox, 46(3).

Sara Nicholls, Audrey R Giles, and Christabelle Sethna, 2011, Perpetuating the 'lack of evidence' discourse in sport for development: Privileged voices, unheard stories and subjugated knowledge, 46(3).

Alan Bairner and Hwang Dong-Jhy, 2011, Representing Taiwan: International sport, ethnicity and national identity in the Republic of China, 46(3).

John Horne, 2011, Architects, stadia and sport spectacles: Notes on the role of architects in the building of sport stadia and making of world-class cities, 46(2).

Michael T Friedman and David L Andrews, 2011, The built sport spectacle and the opacity of democracy, 46(2).

Jay Scherer and Judy Davidson, 2011, Promoting the 'arriviste' city: Producing neoliberal urban identity and communities of consumption during the Edmonton Oilers' 2006 playoff campaign, 46(2).

Martin Curi, Jorge Knijnik, and Gilmar Mascarenhas, 2011, The Pan American Games in Rio de Janeiro 2007: Consequences of a sport mega-event on a BRIC country, 46(2).

Thomas F Carter, 2011, Interrogating athletic urbanism: On examining the politics of the city underpinning the production of the spectacle, 46(2).

Maarten van Bottenburg and Johan Heilbron, 2011, Informalization or de-sportization of fighting contests? A rejoinder to Raúl Sánchez García and Dominic Malcolm, 46(1).

Mark CJ Stoddart, 2011, Constructing masculinized sportscapes: Skiing, gender and nature in British Columbia, Canada, 46(1).

Iain Lindsey and Davies Banda, 2011, Sport and the fight against HIV/AIDS in Zambia: A 'partnership approach'?, 46(1).

Kari Fasting, Stiliani Chroni, Stein Egil Hervik, and Nada Knorre, 2011, Sexual harassment in sport toward females in three European countries, 46(1).

Richard Elliott and Gavin Weedon, 2011, Foreign players in the English Premier Academy League: 'Feet-drain' or 'feet-exchange'?, 46(1).

Rook Campbell, 2011, Staging globalization for national projects: Global sport markets and elite athletic transnational labour in Qatar, 46(1).

Steven Bradbury, 2011, From racial exclusions to new inclusions: Black and minority ethnic participation in football clubs in the East Midlands of England, 46(1).

Kristi A Allain, 2011, Kid Crosby or Golden Boy: Sidney Crosby, Canadian national identity, and the policing of hockey masculinity, 46(1).

◆ 2010 年

Joseph E Nolan and Grace Howell, 2010, Hockey success and birth date: The relative age effect revisited, 45(4).

Raffaele Poli, 2010, Understanding globalization through football: The new international division of labour, migratory channels and transnational trade circuits, 45(4).

Robert J Lake, 2010, 'Managing change' in British tennis 1990-2006: Unintended outcomes of LTA talent development policies, 45(4).

Bryan E Denham, 2010, Correlates of pride in the performance success of United States athletes competing on an international stage, 45(4).

Caroline Chimot and Catherine Louveau, 2010, Becoming a man while playing a female sport: The construction of masculine identity in boys doing rhythmic gymnastics, 45(4).

Kwame Agyemang, John N Singer, and Joshua DeLorme, 2010, An exploratory study of black male college athletes' perceptions on race and athlete activism, 45(4).

Pauline Turner Strong and Laurie Posner, 2010, Selves in play: Sports, scouts, and American cultural citizenship, 45(3).

Stanley Thangaraj, 2010, Ballin' Indo-Pak style: Pleasures, desires, and expressive practices of 'South Asian American' masculinity, 45(3).

David Rowe, 2010, Stages of the global: Media, sport, racialization and the last temptation of Zinedine Zidane, 45(3).

Kevin Hylton, 2010, How a turn to critical race theory can contribute to our understanding of 'race', racism and anti-racism in sport, 45(3).

Daniel Burdsey, 2010, British Muslim experiences in English first-class cricket, 45(3).

Fred Coalter, 2010, The politics of sport-for-development: Limited focus programmes and broad gauge problems?, 45(3).

Nico Schulenkorf, 2010, Sport events and ethnic reconciliation: Attempting to create social change between Sinhalese, Tamil and Muslim sportspeople in war-torn Sri Lanka, 45(3).

John Sugden, 2010, Critical left-realism and sport interventions in divided societies, 45(3).

Daryl Adair and David Rowe, 2010, Beyond boundaries? 'Race', ethnicity and identity in sport, 45(3).

Jayne Caudwell, 2010, The jazz-sport analogue: Passing notes on gender and sexuality, 45(2).

Cate Watson, 2010, *Test Match Special* and the discourse of cricket: The sporting radio broadcast as narrative, 45(2).

John Vincent, Edward M. Kian, Paul M. Pedersen, Aaron Kuntz, and John S. Hill, 2010, England expects: English newspapers' narratives about the English football team in the 2006 World Cup, 45(2).

Bob Stewart and Aaron C.T. Smith, 2010, The role of ideology in shaping drug use regulation in Australian sport, 45(2).

Isao Okayasu, Yukio Kawahara, and Haruo Nogawa, 2010, The relationship between community sport clubs and social capital in Japan: A comparative study between the comprehensive community sport clubs and the traditional community sports clubs, 45(2).

Prisca Bruno Massao and Kari Fasting, 2010, Race and racism: Experiences of black Norwegian athletes, 45(2).

Sam Dubal, 2010, The neoliberalization of football: Rethinking neoliberalism through the commercialization of the beautiful game, 45(2).

Peggy Roussel, Lee F. Monaghan, Sophie Javerlhiac, and François Le Yondre, 2010, The metamorphosis of female bodybuilders: Judging a paroxysmal body?, 45(1).

Ivo van Hilvoorde, Agnes Elling, and Ruud Stokvis, 2010, How to influence national pride? The Olympic medal index as a unifying narrative, 45(1).

Eivind Å. Skille, 2010, Competitiveness and health: The work of sport clubs as seen by sport clubs representatives - a Norwegian case study, 45(1).

Emma Sherry, 2010, (Re)engaging marginalized groups through sport: The Homeless World Cup, 45(1).

Raúl Sánchez García and Dominic Malcolm, 2010, Decivilizing, civilizing or informalizing? The international development of Mixed Martial Arts, 45(1).

Nuno Domingos, 2010, Building a motor habitus: Physical education in the Portuguese Estado Novo, 45(1).

Katrina J. Brown and Catherine Connolly, 2010, The role of law in promoting women in elite athletics: An examination of four nations, 45(1).

◆ 2009 年

Philippe Terral, Cécile Collinet, and Matthieu Delalandre, 2009, A Sociological Analysis of the Controversy Over

Electric Stimulation To Increase Muscle Strength in the Field of French Sport Science in the 1990S, 44(4).

Peter Millward, 2009, Glasgow Rangers Supporters in the City of Manchester: The Degeneration of a 'Fan Party' into a 'Hooligan Riot', 44(4).

Kathleen E. Miller, 2009, 'THEY LIGHT THE CHRISTMAS TREE IN OUR TOWN': Reflections on Identity, Gender, and Adolescent Sports., 44(4).

Louise Mansfield, 2009, Fitness Cultures and Environmental (in)Justice?, 44(4).

Lisa Edwards and Carwyn Jones, 2009, Postmodernism, Queer Theory and Moral Judgment in Sport: Some Critical Reflections, 44(4).

David Brown, 2009, The Big Drum: The Mutability of a Sporting Habitus: Mountaineering in Scotland as a Case Study, 44(4).

Chia-Chen Yu, 2009, A Content Analysis of News Coverage of Asian Female Olympic Athletes, 44(2-3).

Nancy Theberge, 2009, 'We Have all the Bases Covered': Constructions of Professional Boundaries in Sport Medicine, 44(2-3).

Ramón Spaaij, 2009, Sport as a Vehicle for Social Mobility and Regulation of Disadvantaged Urban Youth: Lessons from Rotterdam, 44(2-3).

Mari Kristin Sisjord and Elsa Kristiansen, 2009, Elite Women Wrestlers' Muscles: Physical Strength and a Social Burden, 44(2-3).

Jay Scherer and David Whitson, 2009, Public Broadcasting, Sport, and Cultural Citizenship: The Future of Sport on the Canadian Broadcasting Corporation?, 44(2-3).

Jung Woo Lee, 2009, Red Feminism and Propaganda in Communist Media: Portrayals of Female Boxers in the North Korean Media, 44(2-3).

Lawrence W. Judge, Jeffrey Petersen, and Matt Lydum, 2009, The Best Kept Secret in Sports: The 2010 Youth Olympic Games, 44(2-3).

Eike Emrich, Michael Fröhlich, Markus Klein, and Werner Pitsch, 2009, Evaluation of the Elite Schools of Sport: Empirical Findings from an Individual and Collective Point of View, 44(2-3).

Laurel R. Davis-Delano, April Pollock, and Jennifer Ellsworth Vose, 2009, Apologetic Behavior Among Female Athletes: A New Questionnaire and Initial Results, 44(2-3).

Alan Bairner, 2009, Sport, Intellectuals and Public Sociology: Obstacles and Opportunities, 44(2-3).

Joe Piggin, Steven J. Jackson, and Malcolm Lewis, 2009, Knowledge, Power and Politics: Contesting 'Evidence-based' National Sport Policy, 44(1).

Agnes Elling and Jan Janssens, 2009, Sexuality as a Structural Principle in Sport Participation: Negotiating Sports Spaces, 44(1).

Romana Weber, 2009, Protection of Children in Competitive Sport: Some Critical Questions for London 2012, 44(1).

Vincenzo Scalia, 2009, Just a Few Rogues?: Football Ultras, Clubs and Politics in Contemporary Italy, 44(1).

Steph MacKay and Christine Dallaire, 2009, Campus Newspaper Coverage of Varsity Sports: Getting Closer to Equitable and Sports-related Representations of Female Athletes?, 44(1).

Jung Woo Lee and Joseph Maguire, 2009, Global Festivals Through a National Prism: The Global-National Nexus in South Korean Media Coverage of the 2004 Athens Olympic Games, 44(1).

◆ 2008 年

Brendon Tagg, 2008, 'Imagine, a Man Playing Netball!': Masculinities and Sport in New Zealand, 43(4).

John N. Singer, 2008, Benefits and Detriments of African American Male Athletes' Participation in a Big-Time College Football Program, 43(4).

Peter Kelly and Christopher Hickey, 2008, Player Welfare and Privacy in the Sports Entertainment Industry: Player Development Managers and Risk Management in Australian Football League Clubs, 43(4).

Jo Helle-Valle, 2008, Discourses On Mass Versus Elite Sport and Pre-Adult Football in Norway, 43(4).

Laura Azzarito and Louis Harrison, Jr, 2008, 'White Men Can't Jump': Race, Gender and Natural Athleticism, 43(4).

Patrick Trabal, 2008, Resistance to Technological Innovation in Elite Sport, 43(3).

Udo Merkel, 2008, The Politics of Sport Diplomacy and Reunification in Divided Korea: One Nation, Two Countries and Three Flags, 43(3).

Nicos L. Kartakoullis, Constantinos Phellas, Stavros Pouloukas, Michael Petrou, and Christina Loizou, 2008, The Use of Anabolic Steroids and Other Prohibited Substances By Gym Enthusiasts in Cyprus, 43(3).

Jiri Kadlcik and Libor Flemr, 2008, Athletic Career Termination Model in the Czech Republic: A Qualitative Exploration, 43(3).

Dag Vidar Hanstad, Andy Smith, and Ivan Waddington, 2008, The Establishment of the World Anti-Doping Agency: A Study of the Management of Organizational Change and Unplanned Outcomes, 43(3).

Karl Spracklen and Cliff Spracklen, 2008, Negotiations of Being and Becoming: Minority Ethnic Rugby League Players in the Cathar Country of France, 43(2).

Eivind Å. Skille, 2008, Understanding Sport Clubs as Sport Policy Implementers: A Theoretical Framework for the

Analysis of the Implementation of Central Sport Policy through Local and Voluntary Sport Organizations, 43(2).

Peter Mewett and Kim Toffoletti, 2008, Rogue Men and Predatory Women: Female Fans' Perceptions of Australian Footballers' Sexual Conduct, 43(2).

Pasi Koski, 2008, Physical Activity Relationship (PAR), 43(2).

P. David Howe, 2008, From Inside the Newsroom: Paralympic Media and the 'Production' of Elite Disability, 43(2).

Laurel R. Davis-Delano and Todd Crosset, 2008, Using Social Movement Theory To Study Outcomes in Sport-Related Social Movements, 43(2).

Warren Whisenant and Jeremy S. Jordan, 2008, Fairness and Enjoyment in School Sponsored Youth Sports, 43(1).

Gerd von der Lippe and Malcolm MacLean, 2008, Brawling in Berne: Mediated Transnational Moral Panics in the 1954 Football World Cup, 43(1).

Michael P. Sam and Jay Scherer, 2008, Stand Up and Be Counted: Numerical Storylines in a Stadium Debate, 43(1).

H. Thomas R. Persson, 2008, Social Capital and Social Responsibility in Denmark: More than Gaining Public Trust, 43(1).

Dino Numerato, 2008, Czech Sport Governing Bodies and Social Capital, 43(1).

Sine Agergaard, 2008, Elite Athletes as Migrants in Danish Women's Handball, 43(1).

◆ 2007 年

Huan Xiong, 2007, The Evolution of Urban Society and Social Changes in Sports Participation At the Grassroots in China, 42(4).

Parissa Safai, Jean Harvey, Maurice Lévesque, and Peter Donnelly, 2007, Sport Volunteerism in Canada: Do Linguistic Groups Count?, 42(4).

Grant Jarvie, 2007, Sport, Social Change and the Public Intellectual, 42(4).

Stella Coram, 2007, Race Formations (Evolutionary Hegemony) and the 'Aping' of the Australian Indigenous Athlete, 42(4).

Thomas F. Carter, 2007, Family Networks, State Interventions and the Experience of Cuban Transnational Sport Migration, 42(4).

Kari Steen-Johnsen, 2007, Globalized Fitness in the Norwegian Context: The Perfect Meets the Popular, 42(3).

Parissa Safai, 2007, A Critical Analysis of the Development of Sport Medicine in Canada, 1955-80, 42(3).

Elizabeth C.J. Pike, 2007, Revisiting the 'Physical Activity, Sexual Health, Teenage Identity Construction Nexus', 42(3).

Joshua I. Newman, 2007, A Detour Through 'Nascar Nation': Ethnographic Articulations of a Neoliberal Sporting Spectacle, 42(3).

Todd A. Migliaccio and Ellen C. Berg, 2007, Women's Participation in Tackle Football: An Exploration of Benefits and Constraints, 42(3).

Eric M. Carter and Michael V. Carter, 2007, A Social Psychological Analysis of Anomie Among National Football League Players, 42(3).

Bernard Enjolras and Ragnhild Holmen Waldahl, 2007, Policy-Making in Sport: The Norwegian Case, 42(2).

Christopher King, 2007, Media Portrayals of Male and Female Athletes: A Text and Picture Analysis of British National Newspaper Coverage of the Olympic Games since 1948, 42(2).

Carine Guérandel and Christine Mennesson, 2007, Gender Construction in Judo Interactions, 42(2).

Liz Crolley and Elena Teso, 2007, Gendered Narratives in Spain: The Representation of Female Athletes in Marca and El Pais, 42(2).

Marina Honta, 2007, Organizing the Dual Sporting-Social Project for High-Level Athletes in France: The Difficulties of Learning Collective Action, 42(2).

John Hockey and Jacquelyn Allen Collinson, 2007, Grasping the Phenomenology of Sporting Bodies, 42(2).

Jonas Stier, 2007, Game, Name and Fame — Afterwards, Will I Still Be the Same?: A Social Psychological Study of Career, Role Exit and Identity, 42(1).

Justen P. O'Connor and Trent D. Brown, 2007, Real Cyclists Don't Race: Informal Affiliations of the Weekend Warrior, 42(1).

Mette Andersson, 2007, The Relevance of the Black Atlantic in Contemporary Sport: Racial Imaginaries in Norway, 42(1).

Caroline Fusco, 2007, 'Healthification' and the Promises of Urban Space: A Textual Analysis of Place, Activity, Youth (PLAY-ing) in the City, 42(1).

Jane Crossman, John Vincent, and Harriet Speed, 2007, 'The Times They are A-Changin': Gender Comparisons in Three National Newspapers of the 2004 Wimbledon Championships, 42(1).

Anne Probert, Sarah Leberman, and Farah Palmer, 2007, New Zealand Bodybuilder Identities: Beyond Homogeneity, 42(1).

◆ 2006 年

Michelle White and Joyce Kay, 2006, Who Rules Sport Now?: White and Brackenridge Revisited, 41(3-4).

Kristin Walseth, 2006, Sport and Belonging, 41(3-4).

Ann Travers, 2006, Queering Sport: Lesbian Softball Leagues and the Transgender Challenge, 41(3-4).

Jeroen Scheerder, Martine Thomis, Bart Vanreusel, Johan Lefevre, Roland Renson, Bart Vanden Eynde, and Gaston P. Beunen, 2006, Sports Participation Among Females From Adolescence To Adulthood: A Longitudinal Study, 41(3-4).

Barbara Ravel and Geneviève Rail, 2006, The Lightness Of Being 'Gaie': Discursive Constructions of Gender and Sexuality in Quebec Women's Sport, 41(3-4).

Peter Millward, 2006, 'We've All Got The Bug For Euro-Aways': What Fans Say about European Football Club Competition, 41(3-4).

Tess Kay, 2006, Daughters of Islam: Family Influences on Muslim Young Women's Participation in Sport, 41(3-4).

Olivier Hoibian, 2006, Sociogenesis of a Social Field: The Cultural World of Mountaineering in France from 1870 to 1930, 41(3-4).

Mark Falcous and Michael Silk, 2006, Global Regimes, Local Agendas: Sport, Resistance and the Mediation of Dissent, 41(3-4).

Ben Clayton and Barbara Humberstone, 2006, Men's Talk: A (Pro)feminist Analysis of Male University Football Players' Discourse, 41(3-4).

Cora Burnett, 2006, Building Social Capital Through an 'Active Community Club', 41(3-4).

Maarten van Bottenburg and Johan Heilbron, 2006, De-Sportization of Fighting Contests: The Origins and Dynamics of No Holds Barred Events and the Theory of Sportization, 41(3-4).

John Sugden, 2006, Teaching and Playing Sport for Conflict Resolution and Co-Existence in Israel, 41(2).

Michael A. Robidoux, 2006, The Nonsense of Native American Sport Imagery: Reclaiming a Past that Never Was, 41(2).

Catriona Elder, Angela Pratt, and Cath Ellis, 2006, Running Race: Reconciliation, Nationalism and the Sydney 2000 Olympic Games, 41(2).

André Krouwel, Nanne Boonstra, Jan Willem Duyvendak, and Lex Veldboer, 2006, A Good Sport?: Research into the Capacity of Recreational Sport to Integrate Dutch Minorities, 41(2).

Seamus Kelly and Ivan Waddington, 2006, Abuse, Intimidation and Violence as Aspects of Managerial Control in Professional Soccer in Britain and Ireland, 41(2).

Andrew Yiannakis, Michaël J.P. Selby, John Douvis, and Joon Young Han, 2006, Forecasting in Sport: The Power of Social Context—A Time Series Analysis with English Premier League Soccer, 41(1).

Yoshio Takahashi and John Horne, 2006, Moving with the Bat and the Ball: Preliminary Reflections on the Migration of Japanese Baseball Labour, 41(1).

Mark Falcous and Joseph Maguire, 2006, Imagining 'America': the NBA and Local-Global Mediascapes, 41(1).

Russell Field, 2006, The Ties that Bind: A 2003 Case Study of Toronto's Sport Elite and the Operation of Commercial Sport, 41(1).

Nils Asle Bergsgard and Hilmar Rommetvedt, 2006, Sport and Politics: The Case of Norway, 41(1).

◆ 2005 年

Yomee Lee, 2005, A New Voice: Korean American Women in Sports, 40(4).

Yuka Nakamura, 2005, The Samurai Sword Cuts Both Ways: A Transnational Analysis of Japanese and US Media Representations of Ichiro, 40(4).

David-Claude Kemo Keimbou, 2005, Games, Body and Culture: Emerging Issues in the Anthropology of Sport and Physical Education in Cameroon (1920-60), 40(4).

Abilash Nalapat and Andrew Parker, 2005, Sport, Celebrity and Popular Culture: Sachin Tendulkar, Cricket and Indian Nationalisms, 40(4).

Carl Stempel, 2005, Adult Participation Sports as Cultural Capital: A Test of Bourdieu's Theory of the Field of Sports, 40(4).

R. L. Jones, N. Glintmyer, and A. McKenzie, 2005, Slim Bodies, Eating Disorders and the Coach-Athlete Relationship: A Tale of Identity Creation and Disruption, 40(3).

Simon C. Darnell and Robert Sparks, 2005, Inside the Promotional Vortex: Canadian Media Construction of Sydney Olympic Triathlete Simon Whitfield, 40(3).

Michael Atkinson and Kevin Young, 2005, Reservoir Dogs: Greyhound Racing, Mimesis and Sports-Related Violence, 40(3).

Ingar Mehus, 2005, Distinction through Sport Consumption: Spectators of Soccer, Basketball, and Ski-jumping, 40(3).

Eivind Åsrum Skille, 2005, Individuality or Cultural Reproduction?: Adolescents' Sport Participation in Norway: Alternative versus Conventional Sports, 40(3).

Richard Giulianotti, 2005, The Sociability of Sport: Scotland Football Supporters as Interpreted through the Sociology of Georg Simmel, 40(3).

Peter Donnelly, 2005, Editorial: 40th Anniversary of the IRSS, 40(3).

Jim McKay, 2005, In Memoriam: Alan G. Ingham, 1947-2005, 40(3).

Rex W. Thomson and István Soós, 2005, Short Communication: Rroma Culture and Physical Culture

in Hungary, 40(2).
Robert Chappell, 2005, Sport in Namibia: Conflicts, Negotiations and Struggles since Independence, 40(2).
Jacquelyn Allen Collinson, 2005, Emotions, Interaction and the Injured Sporting Body, 40(2).
Elizabeth C. J. Pike, 2005, 'Doctors Just Say "Rest and Take Ibuprofen" ': A Critical Examination of the Role of 'Non-Orthodox' Health Care in Women's Sport, 40(2).
Brent McDonald and Chris Hallinan, 2005, Seishin Habitus: Spiritual Capital and Japanese Rowing, 40(2).
Barrie Houlihan, 2005, Public Sector Sport Policy: Developing a Framework for Analysis, 40(2).
Jeroen Scheerder, Bart Vanreusel, and Marijke Taks, 2005, Stratification Patterns of Active Sport Involvement Among Adults: Social Change and Persistence, 40(2).
Ken Green, Katie Liston, Andy Smith, and Daniel Bloyce, 2005, Violence, Competition and the Emergence and Development of Modern Sports: Reflections on the Stokvis-Malcolm debate, 40(1).
Dominic Malcolm, 2005, The Emergence, Codification and Diffusion of Sport: Theoretical and Conceptual Issues, 40(1).
Ruud Stokvis, 2005, Debate the Civilizing Process Applied to Sports: A Response to Dominic Malcolm—Cricket and Civilizing Processes, 40(1).
Suzanne Malia Lawrence, 2005, African American Athletes' Experiences of Race in Sport, 40(1).
Joan Cunningham and Mary Beneforti, 2005, Investigating Indicators for Measuring the Health and Social Impact of Sport and Recreation Programs in Australian Indigenous Communities, 40(1).
Sheila Scraton, Jayne Caudwell, and Samantha Holland, 2005, 'BEND IT LIKE PATEL': Centring 'Race', Ethnicity and Gender in Feminist Analysis of Women's Football in England, 40(1).
Cynthia Fabrizio Pelak, 2005, Negotiating Gender/Race/Class Constraints in the New South Africa: A Case Study of Women's Soccer, 40(1).
Graham Knight, Margaret MacNeill, and Peter Donnelly, 2005, The Disappointment Games: Narratives of Olympic Failure in Canada and New Zealand, 40(1).
Don Sabo, Kathleen E. Miller, Merrill J. Melnick, Michael P. Farrell, and Grace M. Barnes, 2005, HIGH SCHOOL ATHLETIC PARTICIPATION AND ADOLESCENT SUICIDE: A Nationwide US Study., 40(1).

◆ 2004 年

Andrew Smith, Ken Green, and Ken Roberts, 2004, Sports Participation and the 'Obesity/Health Crisis': Reflections on the Case of Young People in England, 39(4).
Emma Poulton, 2004, Mediated Patriot Games: The Construction and Representation of National Identities in the British Television Production of Euro '96, 39(4).
Guy Ben-Porat and Amir Ben-Porat, 2004, (Un)Bounded Soccer: Globalization and Localization of the Game in Israel, 39(4).
Jonathan A. Long and Mike J. McNamee, 2004, On the Moral Economy of Racism and Racist Rationalizations in Sport, 39(4).
Mick Green and Barrie Houlihan, 2004, Advocacy Coalitions and Elite Sport Policy Change in Canada and the United Kingdom, 39(4).
Kari Fasting, Celia Brackenridge, and Jorunn Sundgot-Borgen, 2004, Prevalence of Sexual Harassment among Norwegian Female Elite Athletes Inrelation to Sport Type, 39(4).
Rob Beamish and Ian Ritchie, 2004, From Chivalrous 'Brothers-in-Arms' to the Eligible Athlete: Changed Principles and the IOC's Banned Substance List, 39(4).
Anthony King, 2004, The New Symbols of European Football, 39(3).
Jacco van Sterkenburg and Annelies Knoppers, 2004, Dominant Discourses about Race/Ethnicity and Gender in Sport Practice and Performance, 39(3).
Sohaila Shakib and Michele D. Dunbar, 2004, How High School Athletes Talk about Maternal and Paternal Sporting Experiences: Identifying Modifiable Social Processes for Gender Equity Physical Activity Interventions, 39(3).
Patricky Peretti-Watel, Valérie Guagliardo, Pierre Verger, Jacques Pruvost, Patrick Mignon, and Yolande Obadia, 2004, Risky Behaviours among Young Elite-Student-Athletes: Results from a Pilot Survey in South-Eastern France, 39(2).
Ørnulf Seippel, 2004, The World According to Voluntary Sport Organizations: Voluntarism, Economy and Facilities, 39(2).
Michael P. Sam and Steven J. Jackson, 2004, Sport Policy Development in New Zealand: Paradoxes of an Integrative Paradigm, 39(2).
John D. Horne and Wolfram Manzenreiter, 2004, Accounting for Mega-Events: Forecast and Actual Impacts of the 2002 Football World Cup Finals on the Host Countries Japan/Korea, 39(2).
Bryan E. Denham, 2004, Hero or Hypocrite?: United States and International Media Portrayals of Carl Lewis Amid Revelations of a Positive Drug Test, 39(2).
Andrew C. Billings and Fabio Tambosi, 2004, Portraying the United States vs Portraying a Champion: US Network Bias in the 2002 World Cup, 39(2).

Miguel Villamón, David Brown, Julián Espartero, and Carlos Gutiérrez, 2004, Reflexive Modernization and the Disembedding of Jūdō from 1946 to the 2000 Sydney Olympics, 39(2).

Olivier Aubel and Fabien Ohl, 2004, The Denegation of the Economy: The Example of Climbing in France, 39(2).

Megan O'Neill, 2004, Policing Football in Scotland: The Forgotten Team, 39(1).

Matthew Parry and Dominic Malcolm, 2004, England's Barmy Army: Commercialization, Masculinity and Nationalism, 39(1).

Annelies Knoppers and Agnes Elling, 2004, 'We Do Not Engage in Promotional Journalism': Discursive Strategies Used by Sport Journalists to Describe the Selection Process, 39(1).

SÈbastien Guilbert, 2004, Sport and Violence: A Typological Analysis, 39(1).

Neil Ravenscroft, 2004, Tales from the Tracks: Discourses of Constraint in the Use of Mixed Cycle and Walking Routes, 39(1).

Jan Ove Tangen, 2004, Embedded Expectations, Embodied Knowledge and the Movements That Connect: A System Theoretical Attempt to Explain the Use and Non-Use of Sport Facilities, 39(1).

◆ 2003 年

Agnes Elling, Paul de Knop, and Annelies Knoppers, 2003, Gay/Lesbian Sport Clubs and Events: Places of Homo-Social Bonding and Cultural Resistance?, 38(4).

Toby Miller, David Rowe, Jim McKay, and Geoffrey Lawrence, 2003, The Over-Production of US Sports and the New International Division of Cultural Labor, 38(4).

Tim Crabbe, 2003, 'The Public Gets what the Public Wants': England Football Fans, 'Truth' Claims and Mediated Realities, 38(4).

Rebecca Ann Lock, 2003, The Doping Ban: Compulsory Heterosexuality and Lesbophobia, 38(4).

Emma H. Wensing and Toni Bruce, 2003, Bending the Rules: Media Representations of Gender During an International Sporting Event, 38(4).

Eric Dunning and Ivan Waddington, 2003, Sport as a Drug and Drugs in Sport: Some Exploratory Comments, 38(3).

Peter G. Mewett, 2003, Conspiring to Run: Women, their Bodies and Athletics Training, 38(3).

Christine Mennesson and Jean-Paul Clément, 2003, Homosociability and Homosexuality: The Case of Soccer Played by Women, 38(3).

Ian P. Henry, Mahfoud Amara, and Mansour Al-Tauqi, 2003, Sport, Arab Nationalism and the Pan-Arab Games, 38(3).

David Rowe, 2003, Sport and the Repudiation of the Global, 38(3).

Achim Conzelmann and Siegfried Nagel, 2003, Professional Careers of the German Olympic Athletes, 38(3).

D. McCarthy, R. L. Jones, and P. Potrac, 2003, Constructing Images and Interpreting Realities: The Case of the Black Soccer Player on Television, 38(2).

Cathy van Ingen, 2003, Geographies of Gender, Sexuality and Race: Reframing the Focus on Space in Sport Sociology, 38(2).

Jason Tuck, 2003, The Men in White: Reflections on Rugby Union, the Media and Englishness, 38(2).

Belinda Wheaton and Becky Beal, 2003, 'Keeping It Real': Subcultural Media and the Discourses of Authenticity in Alternative Sport, 38(2).

Grant Jarvie, 2003, Communitarianism, Sport and Social Capital: 'Neighbourly Insights into Scottish Sport', 38(2).

Heejoon Chung, 2003, Sport Star Vs Rock Star in Globalizing Popular Culture: Similarities, Difference and Paradox in Discussion of Celebrities, 38(1).

Christopher C. Grenfell and Robert E. Rinehart, 2003, Skating on Thin Ice: Human Rights in Youth Figure Skating, 38(1).

Vic Duke and Roland Renson, 2003, From Factions to Fusions?: The Rise and Fall of Two-Club Rivalries in Belgian Football, 38(1).

Kristin Walseth and Kari Fasting, 2003, Islam's View on Physical Activity and Sport: Egyptian Women Interpreting Islam, 38(1).

David Kirk and Ann Macphail, 2003, Social Positioning and the Construction of a Youth Sports Club, 38(1).

Herbert D. Simons, 2003, Race and Penalized Sports Behaviors, 38(1).

◆ 2002 年

Jennifer Smith Maguire, 2002, Body Lessons: Fitness Publishing and the Cultural Production of the Fitness Consumer, 37(3-4).

Merrill J. Melnick and Steven J. Jackson, 2002, Globalization American-Style and Reference Idol Selection: The Importance of Athlete Celebrity Others among New Zealand Youth, 37(3-4).

Alina Bernstein, 2002, Is It Time for a Victory Lap?: Changes in the Media Coverage of Women in Sport, 37(3-4).

John Harris and Ben Clayton, 2002, Femininity, Masculinity, Physicality and the English Tabloid Press: The Case of Anna Kournikova, 37(3-4).

Gerd von der Lippe, 2002, Media Image: Sport, Gender and National Identities in Five European Countries, 37(3-4).

Andrew C. Billings and Susan Tyler Eastman, 2002, Selective Representation of Gender, Ethnicity, and Nationality in American Television Coverage of the 2000 Summer Olympics, 37(3-4).

Laura Capranica and Fabrizio Aversa, 2002, Italian Television Sport Coverage during the 2000 Sydney Olympic Games: A Gender Perspective, 37(3-4).

John Vincent, Charles Imwold, Vandra Masemann, and James T. Johnson, 2002, A Comparison of Selected 'Serious' and 'Popular' British, Canadian, and United States Newspaper Coverage of Female and Male Athletes Competing in the Centennial Olympic Games: Did Female Athletes Receive Equitable Coverage in the 'Games of the Women'?, 37(3-4).

Paul Mark Pedersen, 2002, Examining Equity in Newspaper Photographs: A Content Analysis of the Print Media Photographic Coverage of Interscholastic Athletics, 37(3-4).

Alan Law, Jean Harvey, and Stuart Kemp, 2002, The Global Sport Mass Media Oligopoly: The Three Usual Suspects and More, 37(3-4).

Jeroen Scheerder, Bart Vanreusel, Marijke Taks, and Roland Renson, 2002, Social Sports Stratification in Flanders 1969-1999: Intergenerational Reproduction of Social Inequalities?, 37(2).

Tony Blackshaw, 2002, The Sociology of Sport Reassessed in Light of the Phenomenon of Zygmunt Bauman, 37(2).

Joseph M. Bradley, 2002, The Patriot Game: Football's Famous 'Tartan Army', 37(2).

George B. Cunningham, 2002, Examining the Relationship Among Miles and Snow's Strategic Types and Measures of Organizational Effectiveness in NCAA Division I Athletic Departments, 37(2).

John Bale, 2002, Lassitude and Latitude: Observations on Sport and Environmental Determinism, 37(2).

Christopher L. Stevenson, 2002, Seeking Identities: Towards an Understanding of the Athletic Careers of Masters Swimmers, 37(2).

Parissa Safai, 2002, Boys Behaving Badly: Popular Literature on the Mis/behaviour of Male Team Sport Athletes in North America, 37(1).

Braham Dabscheck, 2002, The Socceroos Strike a Deal, 37(1).

Srdjan Vrcan, 2002, The Curious Drama of the President of a Republic Versus a Football Fan Tribe: A Symptomatic Case in the Post-communist Transition in Croatia, 37(1).

Dominic Malcolm, 2002, Cricket and Civilizing Processes: A Response to Stokvis, 37(1).

Joanne Kay and Suzanne Laberge, 2002, The 'New' Corporate Habitus in Adventure Racing, 37(1).

Thomas C. Wilson, 2002, The Paradox of Social Class and Sports Involvement: The Roles of Cultural and Economic Capital, 37(1).

◆ 2001 年

Naomi Fejgin and Ronit Hanegby, 2001, GENDER AND CULTURAL BIAS IN PERCEPTIONS OF SEXUAL HARASSMENT IN SPORT, 36(4).

Bénédicte Vignal, Stéphane Champely, and Thierry Terret, 2001, FORMS OF RECREATIONAL SWIMMING PRACTISED IN LYON (FRANCE), 36(4).

Richard Pringle, 2001, COMPETING DISCOURSES: Narratives of a Fragmented Self, Manliness and Rugby Union, 36(4).

Mike Weed, 2001, ING-GER-LAND AT EURO 2000: How 'Handbags at 20 Paces' was Portrayed as a Full-Scale Riot, 36(4).

Otmar Weiss, 2001, IDENTITY REINFORCEMENT IN SPORT: Revisiting the Symbolic Interactionist Legacy, 36(4).

Osamu Takamine, 2001, DIFFERENCES IN CHARACTERISTICS BETWEEN JAPANESE WALKERS AND SPORT PARTICIPANTS: Focusing on Walking by Inactive Persons, 36(4).

Alan Bairner and Paul Darby, 2001, THE SWEDISH MODEL AND INTERNATIONAL SPORT: Lennart Johansson and the Governance of World Football, 36(3).

Goolam Vahed, 2001, 'WHAT DO THEY KNOW OF CRICKET WHO ONLY CRICKET KNOW?': Transformation in South African Cricket, 1990-2000, 36(3).

Thom Satterlee, 2001, MAKING SOCCER A 'KICK IN THE GRASS': The Media's Role in Promoting a Marginal Sport, 1975-1977, 36(3).

P. David Howe, 2001, AN ETHNOGRAPHY OF PAIN AND INJURY IN PROFESSIONAL RUGBY UNION: The Case of Pontypridd RFC, 36(3).

Lone Friis Thing, 2001, THE FEMALE WARRIOR: Meanings of Play-Aggressive Emotions in Sport, 36(3).

Inge Kryger Pedersen, 2001, ATHLETIC CAREER: 'Elite Sports Mothers' as a Social Phenomenon, 36(3).

Naoki Chiba, Osamu Ebihara, and Shinji Morino, 2001, GLOBALIZATION, NATURALIZATION AND IDENTITY: The Case of Borderless Elite Athletes in Japan, 36(2).

Henri Vaugrand, 2001, PIERRE BOURDIEU AND JEAN-MARIE BROHM: Their Schemes of Intelligibility and Issues towards a Theory of Knowledge in the Sociology of Sport, 36(2).

Jan Toftegaard Nielsen, 2001, THE FORBIDDEN ZONE:

Intimacy, Sexual Relations and Misconduct in the Relationship between Coaches and Athletes, 36(2).

Christer Thrane, 2001, SPORT SPECTATORSHIP IN SCANDINAVIA: A Class Phenomenon?, 36(2).

George B. Cunningham, Michael Sagas, and Frank B. Ashley, 2001, OCCUPATIONAL COMMITMENT AND INTENT TO LEAVE THE COACHING PROFESSION: Differences According to Race, 36(2).

Garry Crawford, 2001, CHARACTERISTICS OF A BRITISH ICE HOCKEY AUDIENCE: Major Findings of the 1998 and 1999 Manchester Storm Ice Hockey Club Supporter Surveys, 36(1).

Gudmundur K. Magnússon, 2001, THE INTERNATIONALIZATION OF SPORTS: The Case of Iceland, 36(1).

Cora Burnett, 2001, SOCIAL IMPACT ASSESSMENT AND SPORT DEVELOPMENT: Social Spin-Offs of the Australia-South Africa Junior Sport Programme, 36(1).

Alan Law, 2001, SURFING THE SAFETY NET: 'Dole Bludging', 'Surfies' and Governmentality in Australia, 36(1).

Matthias Marschik, 2001, MITROPA: Representations of 'Central Europe' in Football, 36(1).

Jim Riordan, 2001, OBITUARY FOR PETER McINTOSH, 36(1).

◆ 2000年

Hiroko Maeda, 2000, PROSPEROUS MIDDLE-AGED WOMEN'S SPORTS IN JAPAN THROUGH SOME GENDER ISSUES, 35(4).

Rex Nash, 2000, CONTESTATION IN MODERN ENGLISH PROFESSIONAL FOOTBALL: The Independent Supporters Association Movement, 35(4).

Richard Light, 2000, FROM THE PROFANE TO THE SACRED: Pre-Game Ritual in Japanese High School Rugby, 35(4).

Daryle Rigney, 2000, BEHIND THE SYDNEY GLOSS, 35(3).

Christopher Young, 2000, A REPLY TO EDWARD SAID, 35(3).

Anouk Bélanger, 2000, SPORT VENUES AND THE SPECTACULARIZATION OF URBAN SPACES IN NORTH AMERICA: The Case of the Molson Centre in Montreal, 35(3).

Catherine Palmer, 2000, SPIN DOCTORS AND SPORTSBROKERS: Researching Elites in Contemporary Sport—A Research Note on the Tour de France, 35(3).

Stephen G. Wieting, 2000, TWILIGHT OF THE HERO IN THE TOUR DE FRANCE, 35(3).

Hugh Dauncey and Geoff Hare, 2000, WORLD CUP FRANCE '98: Metaphors, Meanings and Values, 35(3).

Roel Puijk, 2000, A GLOBAL MEDIA EVENT?: Coverage of the 1994 Lillehammer Olympic Games, 35(3).

Hart Cantelon and Michael Letters, 2000, THE MAKING OF THE IOC ENVIRONMENTAL POLICY AS THE THIRD DIMENSION OF THE OLYMPIC MOVEMENT, 35(3).

Jon Helge Lesjø, 2000, LILLEHAMMER 1994: Planning, Figurations and the 'Green' Winter Games, 35(3).

Jeffrey O. Segrave, 2000, THE (NEO)MODERN OLYMPIC GAMES: The Revolutions in Europe and the Resurgence of Universalism, 35(3).

David P. Johns and Jennifer S. Johns, 2000, SURVEILLANCE, SUBJECTIVISM AND TECHNOLOGIES OF POWER: An Analysis of the Discursive Practice of High-Performance Sport, 35(2).

Roy McCree, 2000, PROFESSIONAL SOCCER IN THE CARIBBEAN: The Case of Trinidad and Tobago, 1969-1983, 35(2).

Gerd von der Lippe, G., 2000, HERESY AS A VICTORIOUS POLITICAL PRACTICE: Grass-Roots Politics in Norwegian Sports 1972-1975, 35(2).

Martin Roderick and Ivan Waddington, 2000, PLAYING HURT: Managing Injuries in English Professional Football, 35(2).

Shelley Lucas, 2000, NIKE'S COMMERCIAL SOLUTION: Girls, Sneakers, and Salvation, 35(2).

Bruce Kidd and Peter Donnelly, 2000, HUMAN RIGHTS IN SPORTS, 35(2).

Joseph L. Arbena, 2000, MEANING AND JOY IN LATIN AMERICAN SPORTS, 35(1).

Jorid Hovden, 2000, GENDER AND LEADERSHIP SELECTION PROCESSES IN NORWEGIAN SPORTING ORGANIZATIONS, 35(1).

Eileen Kennedy, 2000, BAD BOYS AND GENTLEMEN: Gendered Narrative in Televised Sport, 35(1).

Debra Shogan and Maureen Ford, 2000, A NEW SPORT ETHICS: Taking König Seriously, 35(1).

Mary G. McDonald, 2000, THE MARKETING OF THE WOMEN'S NATIONAL BASKETBALL ASSOCIATION AND THE MAKING OF POSTFEMINISM, 35(1).

Christine Mennesson, 2000, 'HARD' WOMEN AND 'SOFT' WOMEN: The Social Construction of Identities among Female Boxers, 35(1).

Barbara Cox and Shona Thompson, 2000, MULTIPLE BODIES: Sportswomen, Soccer and Sexuality, 35(1).

◆ 1999年

Jill Brown and Gordon Bear, 1999, MINORITIES IN MAJOR LEAGUE BASEBALL 1952-1987: Collector

Cards Show Who Played Where, 34(4).
Celia Brackenridge, 1999, MANAGING MYSELF: Investigator Survival in Sensitive Research, 34(4).
John Sugden and Alan Tomlinson, 1999, DIGGING THE DIRT AND STAYING CLEAN: Retrieving the Investigative Tradition for a Critical Sociology of Sport, 34(4).
Christopher J. Hallinan, Toni Bruce, and Stella Coram, 1999, UP FRONT AND BEYOND THE CENTRE LINE: Australian Aborigines in Elite Australian Rules Football, 34(4).
Michael Altimore, 1999, 'GENTLEMAN ATHLETE': Joe DiMaggio and the Celebration and Submergence of Ethnicity, 34(4).
Ian McDonald, 1999, 'PHYSIOLOGICAL PATRIOTS'?: The Politics of Physical Culture and Hindu Nationalism in India, 34(4).
Günther Lüschen, 1999, OBITUARY FOR ANDRZEJ WOHL, 34(4).
Nina Waaler Loland, 1999, SOME CONTRADICTIONS AND TENSIONS IN ELITE SPORTSMEN'S ATTITUDES TOWARDS THEIR BODIES, 34(3).
Jacques M. Henry and Howard P. Comeaux, 1999, GENDER EGALITARIANISM IN COED SPORT: A Case Study of American Soccer, 34(3).
Mark Stranger, 1999, THE AESTHETICS OF RISK: A Study of Surfing, 34(3).
Philip White and Brian Wilson, 1999, DISTINCTIONS IN THE STANDS: An Investigation of Bourdieu's 'Habitus', Socioeconomic Status and Sport Spectatorship in Canada, 34(3).
Jan Wright and Gill Clarke, 1999, SPORT, THE MEDIA AND THE CONSTRUCTION OF COMPULSORY HETEROSEXUALITY: A Case Study of Women's Rugby Union, 34(3).
Timothy Jon Curry and Matthew A. Salerno, 1999, A COMMENT ON THE USE OF ANABOLIC STEROIDS IN WOMEN'S OLYMPIC SWIMMING: A Chronicle of the 100-Meters Freestyle, 34(2).
Edward Albert, 1999, DEALING WITH DANGER: The Normalization of Risk in Cycling, 34(2).
Richard Haynes, 1999, 'THERE'S MANY A SLIP 'TWIXT THE EYE AND THE LIP': An Exploratory History of Football Broadcasts and Running Commentaries on BBC Radio, 1927-1939, 34(2).
David Rowe and Pauline McGuirk, 1999, DRUNK FOR THREE WEEKS: Sporting Success and City Image, 34(2).
Michael Silk, 1999, LOCAL/GLOBAL FLOWS AND ALTERED PRODUCTION PRACTICES: Narrative Constructions at the 1995 Canada Cup of Soccer, 34(2).

Sheila Scraton, Kari Fasting, Gertrud Pfister, and Ana Bunuel, 1999, IT'S STILL A MAN'S GAME?: The Experiences of Top-Level European Women Footballers, 34(2).
Muriel Augustini and Patrick Trabal, 1999, A CASE STUDY OF WITHDRAWAL FROM FRENCH BOXING, 34(1).
Pascal Chantelat, 1999, AN OVERVIEW OF SOME RECENT PERSPECTIVES ON THE SOCIO-ECONOMICS OF SPORT, 34(1).
Ian P. Henry and Pantelis Nassis, 1999, OLITICAL CLIENTELISM AND SPORTS POLICY IN GREECE, 34(1).
Steven J. Jackson and David L. Andrews, 1999, BETWEEN AND BEYOND THE GLOBAL AND THE LOCAL: American Popular Sporting Culture in New Zealand, 34(1).
Joseph Maguire and Emma K. Poulton, 1999, EUROPEAN IDENTITY POLITICS IN EURO 96: Invented Traditions and National Habitus Codes, 34(1).
Janine M. Mikosza and Murray G. Phillips, 1999, GENDER, SPORT AND THE BODY POLITIC: Framing Femininity in the Golden Girls of Sport Calendar and The Atlanta Dream, 34(1).

◆ 1998年
John Hughson, 1998, SOCCER SUPPORT AND SOCIAL IDENTITY: Finding The 'Thirdspace', 33(4).
Kirsti Pedersen, 1998, DOING FEMINIST ETHNOGRAPHY IN THE 'WILDERNESS' AROUND MY HOMETOWN: Methodological Reflections, 33(4).
Barbara Humberstone, 1998, RE-CREATION AND CONNECTIONS IN AND WITH NATURE: Synthesizing Ecological and Feminist Discourses and Praxis?, 33(4).
Otmar Weiss, Gilbert Norden, Petra Hilscher, and Bart Vanreusel, 1998, SKI TOURISM AND ENVIRONMENTAL PROBLEMS: Ecological Awareness among Different Groups, 33(4).
Adrian Franklin, 1998, NATURALIZING SPORTS: Hunting and Angling in Modern Environments, 33(4).
Helen Jefferson Lenskyj, 1998, SPORT AND CORPORATE ENVIRONMENTALISM: The Case of the Sydney 2000 Olympics, 33(4).
Paul De Knop, Paul Wylleman, Marc Theeboom, Kristine De Martelaer, and Jo Van Hoecke, 1998, YOUTH AND ORGANIZED SPORT IN FLANDERS: Past and Future Developments, 33(3).
Konstantions Alexandris and Bob Carroll, 1998, THE RELATIONSHIP BETWEEN SELECTED DEMOGRAPHIC VARIABLES AND

RECREATIONAL SPORT PARTICIPATION IN GREECE, 33(3).

Makoto Chogahara and Yasuo Yamaguchi, 1998, RESOCIALIZATION AND CONTINUITY OF INVOLVEMENT IN PHYSICAL ACTIVITY AMONG ELDERLY JAPANESE, 33(3).

Amir Ben-Porat, 1998, THE COMMODIFICATION OF FOOTBALL IN ISRAEL, 33(3).

Susan McKay, 1998, TAKING THE POLITICS OUT OF SPORT?: Australian Press Coverage of South African-Australian Sport, 1992-1994, 33(3).

Scott Eveslage and Kevin Delaney, 1998, TALKIN' TRASH AT HARDWICK HIGH: A Case Study of Insult Talk on a Boys' Basketball Team, 33(3).

Steven J. Jackson, 1998, LIFE IN THE (MEDIATED) FAUST LANE: Ben Johnson, National Affect and the 1988 Crisis of Canadian Identity, 33(3).

Michel Jamet, 1998, CHANGING PATTERNS OF SPORTING PRACTICE IN FRANCE, 33(2).

John Horne, 1998, THE POLITICS OF SPORT AND LEISURE IN JAPAN: Global Power and Local Resistance, 33(2).

Ivan Waddington, Dominic Malcolm, and Roman Horak, 1998, THE SOCIAL COMPOSITION OF FOOTBALL CROWDS IN WESTERN EUROPE: A Comparative Study, 33(2).

Julie A. Stevens and Trevor Slack, 1998, INTEGRATING SOCIAL ACTION AND STRUCTURAL CONSTRAINTS: Towards a More Holistic Explanation of Organizational Change, 33(2).

Robert Dunn and Christopher Stevenson, 1998, THE PARADOX OF THE CHURCH HOCKEY LEAGUE, 33(2).

Joseph Maguire and David Stead, 1998, BORDER CROSSINGS: Soccer Labour Migration and the European Union, 33(1).

John Hughson, 1998, AMONG THE THUGS: The 'New Ethnographies' of Football Supporting Subcultures, 33(1).

Sara L. Crawley, 1998, GENDER, CLASS AND THE CONSTRUCTION OF MASCULINITY IN PROFESSIONAL SAILING: A Case Study of the America3 Women's Team, 33(1).

Helen Jefferson Lenskyj, 1998, 'INSIDE SPORT' OR 'ON THE MARGINS'?, 33(1).

David L. Andrews, 1998, FEMINIZING OLYMPIC REALITY: Preliminary Dispatches from Baudrillard's Atlanta, 33(1).

◆ 1997 年

Mari-Kristin Sisjord, 1997, WRESTLING WITH GENDER: A Study of Young Female and Male Wrestlers' Experiences of Physicality, 32(4).

Karen Trew, John Kremer, Anthony M. Gallagher, Deirdre Scully, and Shaun Ogle, 1997, YOUNG PEOPLE'S PARTICIPATION IN SPORT IN NORTHERN IRELAND, 32(4).

Celia Brackenridge and Sandra Kirby, 1997, PLAYING SAFE: Assessing the Risk of Sexual Abuse to Elite Child Athletes, 32(4).

Peter Donnelly, 1997, CHILD LABOUR, SPORT LABOUR: Applying Child Labour Laws to Sport, 32(4).

Bart Vanreusel, Roland Renson, Gaston Beunen, Albrecht L. Claessens, Johan Lefevre, Roeland Lysens, and Bart Vanden Eynde, 1997, A LONGITUDINAL STUDY OF YOUTH SPORT PARTICIPATION AND ADHERENCE TO SPORT IN ADULTHOOD, 32(4).

H. P. Brandl-Bredenbeck and W. -D. Brettschneider, 1997, SPORT INVOLVEMENT AND SELF-CONCEPT IN GERMAN AND AMERICAN ADOLESCENTS: A Cross-Cultural Study, 32(4).

Kevin Young, 1997, Women, Sport and Physicality: Preliminary Findings from a Canadian Study, 32(3).

Karin A.E. Volkwein, Frauke I. Schnell, Dennis Sherwood, and Anne Livezey, 1997, Sexual Harassment in Sport: Perceptions and Experiences of American Female Student-Athletes, 32(3).

Marc Theeboom and Paul De Knop, 1997, An Analysis of the Development of Wushu, 32(3).

Thomas B. Stevenson and Abdul-Karim Alaug, 1997, Football in Yemen: Rituals of Resistance, Integration and Identity, 32(3).

Riitta Pirinen, 1997, Catching Up with Men?: Finnish Newspaper Coverage of Women's Entry into Traditionally Male Sports, 32(3).

Deborah Stevenson, 1997, Olympic Arts: Sydney 2000 and the Cultural Olympiad, 32(3).

Brian Wilson, 1997, 'GOOD BLACKS' AND 'BAD BLACKS': Media Constructions of African-American Athletes in Canadian Basketball, 32(2).

Brett Hutchins and Murray G. Phillips, 1997, SELLING PERMISSIBLE VIOLENCE: The Commodification of Australian Rugby League 1970-1995, 32(2).

Duncan Humphreys, 1997, 'SHREDHEADS GO MAINSTREAM'? SNOWBOARDING AND ALTERNATIVE YOUTH, 32(2).

Mike Cronin, 1997, WHICH NATION, WHICH FLAG? BOXING AND NATIONAL IDENTITIES IN IRELAND, 32(2).

Celia Brackenridge, 1997, 'HE OWNED ME BASICALLY...': Women's Experience of Sexual Abuse in Sport, 32(2).

Zhen Wang and Ernest G. Olson, 1997, PRESENT

STATUS, POTENTIAL AND STRATEGIES OF PHYSICAL ACTIVITY IN CHINA, 32(1).

Roland Renson, Eddy De Cramer, and Erik De Vroede, 1997, LOCAL HEROES: Beyond the Stereotype of the Participants in Traditional Games, 32(1).

Kenneth G. Sheard, 1997, ASPECTS OF BOXING IN THE WESTERN 'CIVILIZING PROCESS', 32(1).

Kristine Toohey, 1997, AUSTRALIAN TELEVISION, GENDER AND THE OLYMPIC GAMES, 32(1).

Anne-Marie Waser and Eric Passavant, 1997, SPORT AS A LEISURE TIME PURSUIT AMONG THE YOUTH OF CAEN, FRANCE, 32(1).

◆ 1996 年

Núria Puig, Sussi Morell, and Richard Rees, 1996, Relating the Method: Use of the Itinerary Concept in the Analysis of Sport Biographies, 31(4).

Zbigniew Krawczyk, 1996, Sport as Symbol, 31(4).

Gyöngyi Szabó Földesi, 1996, Social and Demographic Characteristics of Hungarian Football Fans and their Motivations for Attending Matches, 31(4).

Michael Bar-Eli and Adara Spiegel, 1996, Israeli Women in the Olympic and Maccabiah Games, 1932-1992: Patterns of Stability and Change, 31(4).

Terry Black, 1996, Does the Ban on Drugs in Sport Improve Societal Welfare?, 31(4).

Nils Asle Bergsgard, Jan Ove Tangen, Bjorn Barland, and Gunnar Breivik, 1996, Doping in Norwegian Gyms-: A Big Problem?, 31(4).

Richard Giulianotti, 1996, Back to the Future: An Ethnography of Ireland's Football Fans at the 1994 World Cup Finals in the USA, 31(3).

Eric Dunning and Joseph Maguire, 1996, Process-Sociological Notes on Sport, Gender Relations and Violence Control, 31(3).

Xiao Lin Yang, Risto Telama, and Lauri Laakso, 1996, Parents' Physical Activity, Socioeconomic Status and Education as Predictors of Physical Activity and Sport among Children and Youths - A 12-Year Follow-Up Study, 31(3).

Rodney J. Morrison, 1996, Sports Fans, Athletes' Salaries, and Economic Rent, 31(3).

Jean-Pierre Mounet and Pierre Chifflet, 1996, Commercial Supply for River Water Sports, 31(3).

Yvonne S. Harahousou, 1996, Sociocultural Influences on Greek Women's Involvement in Physical Recreation, 31(3).

Charlotte Bloch, and Per F. Laursen, 1996, Play, Sports and Environment, 31(2).

Camilla Obel, 1996, Collapsing Gender in Competitive Bodybuilding: Researching Contradictions and Ambiguity in Sport, 31(2).

Jorge Mota and Paula Queirós, 1996, Children's Behavior. Physical Activity Regarding Parents' Perception vs. Children's Activity, 31(2).

Manshik Kim, 1996, Modernizing Effects on Sports and Physical Activities among Korean Adults, 31(2).

Merrill J. Melnick and Rex W. Thomson, 1996, The Maori People and Positional Segregation in New Zealand Rugby Football: A Test of the Anglocentric Hypothesis, 31(2).

Anthony King, 1996, The Fining of Vinnie Jones, 31(2).

Otmar Weiss, 1996, Media Sports as a Social Substitution Pseudosocial Relations with Sports Figures, 31(1).

Merrill J. Melnick and John W. Loy, 1996, The Effects of Formal Structure on Leadership Recruitment: An Analysis of Team Captaincy Among New Zealand Provincial Rugby Teams, 31(1).

John Nauright, 1996, 'A Besieged Tribe'?: Nostalgia, White Cultural Identity and the Role of Rugby in a changing South Africa, 31(1).

Gunter A. Pilz, 1996, Social Factors Influencing Sport and Violence: On the "Problem" of Football Hooliganism in Germany, 31(1).

Benoit Caritey, 1996, Geographical Development of Sports Phenomenon: Ruralization of Practices or Urbanization of Countrysides? The Alsatian Sport Movement Between 1920 and 1940, 31(1).

Joseph Maguire and David Stead, 1996, Far Pavilions?: Cricket Migrants, Foreign Sojourns and Contested Identities, 31(1).

◆ 1995 年

Rosemarie Mielke and Steffen Bahlke, 1995, Structure and Preferences of Fundamental Values of Young Athletes Do they differ from Non-Athletes and from young People with Alternative Leisure Activities?, 30(3-4).

Gunter A. Pilz, 1995, Performance Sport: Education in Fair Play?(Some Empirical and Theoretical Remarks), 30(3-4).

Gábor Papp and Gyöngyvér Prisztóka, 1995, Sportsmanship as an Ethical Value, 30(3-4).

Jaume Cruz, Mercè Boixadós, Lourdes Valiente, and Lluis Capdevila, 1995, Prevalent Values in Young Spanish Soccer players, 30(3-4).

Martin J. Lee and Michael Cockman, 1995, Values in Children's Sport: Spontaneously Expressed Values Among Young Athletes, 30(3-4).

Jürgen Court, 1995, Ethics and the Unity of Sport Science, 30(3-4).

Karin A.E. Volkwein, 1995, Ethics and Top-Level Sport - A Paradox?, 30(3-4).

Franz Bockrath and Elk Franke, 1995, Is there any Value in Sports? About the Ethical Significance of Sport

Activities, 30(3-4).

Christoph Lumer, 1995, Rules and Moral Norms in Sports, 30(3-4).

Eugen König, 1995, Criticism of Doping: The Nihilistic Side of Technological Sport and the Antiquated View of Sport Ethics, 30(3-4).

Sigmund Loland and Per Sandberg, 1995, Realizing Ludic Rationality in Sport Competitions1, 30(2).

Richard Giulianotti, 1995, Football and the Politics of Carnival: An Ethnographic Study of Scottish Fans in Sweden, 30(2).

Naomi Fejgin, 1995, The Academization of Physical Education Teacher Training a Discourse Analysis Case Study, 30(2).

Ira Horowitz, 1995, Betto-San and the White Rat: Evaluating Japanese Major League Baseball Managers Vis-à-Vis Their American Counterparts1, 30(2).

Nicola Porro, 1995, An Urban Sports Movement as a Social Actor and a Political Arena: Remarks on Post War Associations Research in Rome, 30(2).

Nuria Puig, 1995, The sociology of sport in Spain, 30(2).

Donald W. Hastings, Suzanne B. Kurth, Monika Schloder, and Darrell Cyr, 1995, Reasons for Participating in a Serious Leisure Career: Comparison of Canadian and U.S. Masters Swimmers, 30(1).

Dwight H. Zakus, 1995, Production, Consumption, and Sport: Use of the Body in Women's Elite Sport, 30(1).

Liv-Jorunn Kolnes, 1995, Heterosexuality as an Organizing Principle in Women's Sport, 30(1).

Ping Luo, 1995, Political Influence on Physical Education and Sport in the People's Republic of China, 30(1).

William J. Morgan, 1995, 'Incredulity Toward Metanarratives' and Normative Suicide: A Critique of Postmodernist Drift in Critical Sport Theory, 30(1).

Henning Eichberg, 1995, Problems and Future Research in Sports Sociology: A Revolution of Body Culture?, 30(1).

◆ 1994 年

Marijke Taks, Roland Renson, and Bart Vanreusel, 1994, Of Sport, Time and Money: An Economic Approach to Sport Participation, 29(4).

Michele Metoudi, 1994, Sociology of Sport and Space a Productive Bet, 29(4).

Bradd Shore, 1994, Marginal Play: Sport at the Borderlands of Time and Space, 29(4).

Eric Dunning, 1994, Sport in Space and Time: 'Civilizing Processes', Trajectories of State-Formation and the Development of Modern Sport, 29(4).

Trevor Slack, Tim Berrett, and Kiran Mistry, 1994, Rational Planning Systems as a Source of Organizational Conflict, 29(3).

Toshio Saeki, 1994, The conflict between Tradition and Modernization in a Sport Organization: A Sociological Study of Issues Surrounding the Organizational Reformation of the all Japan Judo Federation, 29(3).

Celia H. Brackenridge, 1994, Fair Play or Fair Game? Child Sexual Abuse in Sport Organisations, 29(3).

Heinz-Dieter Horch, 1994, Does Government Financing have a Detrimental Effect on the Autonomy of Voluntary Associations? Evidence from German Sports Clubs, 29(3).

Eleni I. Theodoraki and Ian P. Henry, 1994, Organisational Structures and Contexts in British National Governing Bodies of Sport, 29(3).

Trevor Slack, 1994, Theoretical Diversity and the Study of Sport Organizations, 29(3).

Gerd Von Der Lippe, 1994, Handball, Gender and Sportification of Body-Cultures: 1900-40, 29(2).

Paul Irlinger, 1994, The Contribution of Televised Sports to the Spread of Sports Activities, 29(2).

Richard Giulianotti, 1994, Scoring away from Home: A Statistical Study of Scotland Football Fans at International Matches in Romania and Sweden, 29(2).

Gyongyi S. Földesi, Paul Irlinger, Catherine Louveau, and Michèle Metoudi, 1994, East-West: The Practise of Sports as Revealing Aspects of French and Hungarian Societies., 29(2).

Pascal Duret and Marion Wolff, 1994, The Semiotics of Sport Heroism, 29(2).

Jane Crossman, Paula Hyslop, and Bart Guthrie, 1994, A Content Analysis of the Sports Section of Canada's National Newspaper with Respect to Gender and Professional/Amateur Status, 29(2).

Henning Eichberg, 1994, The Narrative, The Situational, The Biographical. Scandinavian Sociology of Body Culture Traying a Third Way, 29(1).

Soren Nagbol, 1994, Helgoland on Amager, 29(1).

Laila Ottesen, 1994, Sport in Different Types of Life-Mode Biographies. An Alternative Analysis of Sports Habits, 29(1).

Arto Thonen, 1994, Asthma - The Construction of the Masculine Body, 29(1).

Soile Viejola, 1994, Metaphors of Mixed Team Play, 29(1).

Martti Silvennoinen, 1994, To Childhood Heroes, 29(1).

Marja Kaskisaari, 1994, The Rhythmbody, 29(1).

Esa Sironen, 1994, On Memory-Work in the Theory of Body Culture, 29(1).

◆ 1993 年

William Mcteer and James Curtis, 1993, Sport and Physical Activity and Subjective Well Being: National Panel Data for the U.S, 28(4).

Donald MacIntosh, Hart Cantelon, and Lisa Mcdermott,

1993, The IOC and South Africa: A Lesson in Transnational Relations, 28(4).
Juha Heikkala, 1993, Modernity, Morality, and the Logic of Competing, 28(4).
Alfred Rütten, 1993, Policy Analysis and Utilization Process: The Interplay between Sport Policy and Applied Sociology of Sport, 28(4).
Klaus Cachay, 1993, Sports and Environment Sports for Everyone—Room for Everyone?, 28(2-3).
Dieter Bökemann, 1993, Sports Technology and Choice of Location Individual Evaluation of Sports Facilities, 28(2-3).
Lüder Bach, 1993, Sports without Facilities: The Use of Urban Spaces by Informal Sports, 28(2-3).
Søren Nagbøl, 1993, Enlivening and Deadening Shadows, 28(2-3).
Henning Eichberg, 1993, New Spatial Configurations of Sport? Experiences from Danish Alternative Planning, 28(2-3).
Jean-Paul Callède, 1993, Basque Pelota in the European Space... Towards a Sociological use of the Notions of Sporting Evolution and Diffusion, 28(2-3).
Núria Puig, Jesús Martinez del Castillo, Pierre Pellegrino, and Cédric Lambert, 1993, Sports Facilities as a Revealting of a Society: The Spanish Case, 28(2-3).
Peter Donnelly, 1993, The Right to Wander: Issues in the Leisure Use of Countryside and Wilderness Areas, 28(2-3).
Jean Camy, Eric Adamkiewics, and Pascal Chantelat, 1993, Sporting Uses of the City: Urban Anthropology Applied to the Sports Practices in the Agglomeration of Lyon, 28(2-3).
Gertrud Pfister, 1993, Appropriation of the Environment, Motor Experiences and Sporting Activities of Girls and Women, 28(2-3).
Marie-Luise Klein, 1993, Social-Spatial Conditions Affecting Women's Sport: The Case in the Ruhr Area, 28(2-3).
Kazunori Matsumura, 1993, Sport and Social Change in the Japanese Rural Community, 28(2-3).
John Bale, 1993, The Spatial Development of the Modern Stadium, 28(2-3).
Alan Metcalfe, 1993, The Development of Sporting Facilities: A Case Study of East Northumberland, England, 1850-1914, 28(2-3).
1993, Sport and Space: An outline of the Issue, 28(2-3).
Douglas E. Martin and Richard A. Dodder, 1993, A Path Analytic Examination of Sport Termination, 28(1).
Robert A. Stebbins, 1993, Stacking in Professional American Football: Implications from the Canadian Game, 28(1).
Jean Harvey, Rob Beamish, and Jacques Defrance, 1993, Physical Exercise Policy and the Welfare State: A Framework for Comparative Analysis, 28(1).
Joseph Maguire, 1993, Bodies, Sportscultures and Societies: A Critical Review of Some Theories in the Sociology of the Body, 28(1).
Nancy Midol, 1993, Cultural Dissents and Technical Innovations in the'Whiz'Sports, 28(1).
Jacques Defrance and Christian Pociello, 1993, Structure and Evolution of the Field of Sports in France (1960-1990) A "functional", historical and prospective analytical essay, 28(1).

◆ 1992 年

Lisa M. Kikulis, Trevor Slack, and Bob Hinings, 1992, Institutionally Specific Design Archetypes: A Framework for Understanding Change in National Sport Organizations, 27(4).
Nicola Porro, 1992, Sport, Political System and Sociology in Italy, 27(4).
Hans Lobmeyer and Ludwig Weidinger, 1992, Commercialism as a Dominant Factor in the American Sports Scene: Sources, Developments, Perspectives, 27(4).
F.C. Kew, 1992, Game-rules and social theory, 27(4).
Rob Beamish, 1992, Towards a Socio-Cultural Profile of Canada's High Performance Athletes, 27(4).
Helmut Digel, 1992, Sports in a Risk Society, 27(3).
Gunnar Breivik, 1992, Doping Games A Game Theoretical Exploration of Doping, 27(3).
Ferenc Takács, 1992, Ethos and Olympism The Ethic Principles of Olympism, 27(3).
Judy Lee, 1992, Media Portrayals of Male and Female Olympic Athletes: Analyses of Newspaper Accounts of the 1984 and the 1988 Summer Games, 27(3).
Mary A. Boutilier, Lucinda F. San Giovanni, and Seton Hall University, 1992, Individual and Team Sports in the Olympics: A Question of Balance, 27(2).
George Eisen and Diana Turner, 1992, Myth & Reality: Social Mobility of the American Olympic Athletes, 27(2).
Bruce Kidd, 1992, The Culture Wars of the Montreal Olympics, 27(2).
Xavier Pujadas and Carles Santacana, 1992, The popular Olympic Games, Barcelona 1936: Olympians and Antifascists, 27(2).
John Hargreaves, 1992, Olympism and Nationalism: Some Preliminary Consideration, 27(2).
Manfred Lammer, 1992, Myth or Reality: The Classical Olympic Athlete, 27(2).
Gyöngyi Szabó Földesi, 1992, Introduction to Olympism in Sport Sociology., 27(2).
Zbigniew Krawczyk, 1992, Sport in the Era of Structural

Changes: the Example of Eastern Europe, 27(1).
Roger H. Barnsley, A.H. Thompson, and Philipe Legault, 1992, Family Planning: Football Style. The Relative Age Effect in Football, 27(1).
Merrill J. Melnick, Donald F. Sabo, and Beth Vanfossen, 1992, Effects of Interscholastic Athletic Participation on the Social, Educational, and Career Mobility of Hispanic Girls and Boys, 27(1).
Gilbert Norden and Otmar Weiss, 1992, Sociology of Sport in Austria, 27(1).
Isaac Olu Akindutire, 1992, Sport as a Manifestation of Cultural Heritage in Nigeria, 27(1).
Genevieve Rail, 1992, Physical Contact in Women's Basketball: A Phenomenological Construction and Contextualization, 27(1).

◆ 1991 年
Klaus Heinemann and Nuria Puig, 1991, Sport in Vampire Society, 26(4).
Antonio Roversi, 1991, Football Violence in Italy, 26(4).
Konstantinos Koukouris, 1991, Disengagement of Advanced and Elite Greek Male Athletes from Organized Competitive Sport, 26(4).
Ryozo Kanezaki, 1991, Sociological Consideration on Sport Involvement of Japanese Female Adults, 26(4).
Kalevi Olin and Ilpo Piri, 1991, Use of Social Reference Groups in Sport Policy Making, 26(4).
Gyongyi Szabo Foldesi, 1991, From Mass Sport to the "Sport for All" Movement in the "Socialist" Countries in Eastern Europe, 26(4).
Günther Lüschen and Alfred Rütten, 1991, The Specificity of Status Crystallization and its Meaning in Sport, 26(3).
Ana Bunuel, 1991, The Recreational Physical Activities of Spanish Women: A Sociological Study of Exercising for Fitness, 26(3).
Irina Bykhovskaya, 1991, Sports, New Way of Thinking and Human Values, 26(3).
Maria T. Allison, Joan L. Duda, and Anne Beuter, 1991, Group Dynamics in the Himalayas, 26(3).
Ronald Lutz, 1991, Careers in Running Individual Needs and Social Organization, 26(3).
Peter Bramham, 1991, Explanations of the Organisation of Sport in British Society, 26(3).
Eldon E. Snyder, 1991, Sociology of sport and humor, 26(2).
Sue Glyptis, 1991, Local Authority Sports Provision for the Unemployed: The UK Experience, 26(2).
Lucie Thibault, Trevor Slack, and Bob Hinings, 1991, Professionalism, Structures and Systems: The Impact of Professional Staff on Voluntary Sport Organizations, 26(2).
Christopher J. Hallinan, 1991, Aborigines and Positional Segregation in Australian Rugby League, 26(2).
Alan G. Ingham, 1991, Some not so new Arguments in Support of Heterodox Agendas in the Study of Sport, 26(1).
Cheryl L. Cole, 1991, The Politics of Cultural Representation: Visions of Fields/Fields of Visions 1, 26(1).
Joe Maguire, 1991, Towards a Sociological Theory of Sport and the Emotions: a Figurational Perspective, 26(1).
Alison Mackenzie Dewar, 1991, Incorporation of Resistance?: Towards an Analysis of Women's Responses to Sexual Oppression in Sport, 26(1).
Kevin Young, 1991, Violence in the Workplace of Professional Sport from Victimological and Cultural Studies Perspectives, 26(1).
Peter Donnelly, 1991, Cultural or mainstream approaches to the sociology of sport, 26(1).

◆ 1990 年
Robert Pitter, 1990, Power and Control in An Amateur Sport Organization, 25(4).
Jennifer A. Hargreaves, 1990, Gender on the Sports Agenda, 25(4).
Genevieve Rail, 1990, Physical Contact in Women's Basketball : A First Interpretation, 25(4).
Francis Kew, 1990, The Development of Games: An Endogenous Explanation, 25(4).
Helen Lenskyj, 1990, Power and Play: Gender and Sexuality Issues in Sport and Physical Activity, 25(3).
Birgit Palzkill and Angela Fisher, 1990, Between gymshoes and high-heels—The development of a lesbian identity and existence in top class sport, 25(3).
Michael A. Messner, 1990, When bodies are weapons: Masculinity and violence in Sport, 25(3).
Arja Laitinen and Arto Tiihonen, 1990, Narratives of Men's experiences in Sport, 25(3).
Michael Klein, 1990, The macho world of sport—a forgotten realm? Some introductory remarks, 25(3).
Manuel Garcia Ferrando, 1990, INTERNATIONAL SYMPOSIUM "HEALTH AND SPORT FOR ALL" on 18th-20th May 1989 in Barcelona, 25(2).
Otto Penz, 1990, Sport and Speed, 25(2).
Rob Beamish, 1990, The Persistance of Inequality: An Analysis of Participation Patterns Among Canada's High Performance Athletes, 25(2).
Philip G. White and James E. Curtis, 1990, Participation in Competitive Sport Among Anglophones and Francophones in Canada: Testing Competing Hypotheses, 25(2).
Toshio Saeki, 1990, The characteristics of sociological research on sport organization in Japan, 25(2).

Kong Xiang'an, Niu Xinghua, and Qiu Bo, 1990, A Summary of Sport Sociology Research in the People's Republic China, 25(2).

F. Gras and B. Reinhardt, 1990, The jubilee event of the special commission of Sport Sociology of the Scientific Council at the State Secretariate for Physical Culture and Sport of the G.D.R, 25(1).

Eric Dunning, 1990, Sociological Reflections on Sport, Violence and Civilization, 25(1).

Günther Lüschen, 1990, On Theory of Science for the Sociology of Sport: New Structuralism, Action, Intention and Practical Meaning, 25(1).

Zibgniew Krawczyk, 1990, Theoretical Dilemmas in the Sociology of Sport, 25(1).

Kalevi Heinilä, 1990, Impressions of the State, Trends and Prospects of the Sociology of Sport, 25(1).

Kurt Weis, 1990, Sport in Society, Sociology and Journals: Missing Perspectives and Cultural Idiosyncrasies in an International Social Institution, 25(1).

Klaus Heinemann and Wiebke Preuss, 1990, 25 Years of the INTERNATIONAL REVIEW FOR THE SOCIOLOGY OF SPORT—A Content Analysis, 25(1).

◆ 1989年

Günter Roski and Peter Förster, 1989, Complex Analysis of the Motivation of Going in for Sports during Leisure time among Young Working People and Apprentices, 24(4).

Allen Guttmann, 1989, Body Image and Sports Participation of the Intellectual Elite, 24(4).

Trevor Williams, 1989, Sport, Hegemony and Subcultural Reproduction: The Process of Accommodaton in Bicycle Road Racing, 24(4).

Thomas B. Stevenson, 1989, Sports Clubs and Political Integration in the Yemen Arab Republic, 24(4).

Manfred Gärtner, 1989, Socialist Countries' Sporting Success before Perestroika - and after?, 24(4).

Paavo Seppänen, 1989, Competitive Sport and Sport Success in the Olympic Games: A Cross-Cultural Analysis of Value Systems, 24(4).

K. Rohrberg, 1989, Main Session of the Specialist Commission "Sports Sociology" of the Scientific Council at the State Secretariate for Physical Culture and Sports of the German Democratic Republic, 24(3).

Joan S. Hult, 1989, Women's Struggle for Governance in U.S. Amateur Athletics, 24(3).

Kalevi Heinilä, 1989, The Sports Club as a Social Organization in Finland, 24(3).

Chantal Malenfant, 1989, Sociology of Sports Organizations in France, 24(3).

Heinz Dieter Horch, 1989, Sociological Research on Sports Organizations in the Federal Republic of Germany: An Overview, 24(3).

Trevor Slack and Lisa M. Kikulis, 1989, The Sociological Study of Sport Organizations: Some Observations on the Situation in Canada, 24(3).

Peter Donnelly, 1989, International Workshop of Sport Sociolgy in Japan—"Sport and Humanism: The Possibility and Limitation of Sport in Contenporary Society" (Gotemba, Japan, 4-7 September, 1988), 24(2).

E.O. Ojeme, 1989, An Evaluation Study of the Goals for Participation in Sports Among Selected Nigerian University Athletes, 24(2).

Stephen R. Pratt and D. Stanley Eitzen, 1989, Differences in Coaching Philosophies Between Male Coaches of Male and Female Basketball Teams, 24(2).

David Whitson and Donald Macintosh, 1989, Gender & Power: Explanations of Gender Inequalities In Canadian National Sport Organisations, 24(2).

Diana Woodward, Eileen Green, and Sandra Hebron, 1989, The Sociology of Women's Leisure and Physical Recreation: Constraints and Opportunities, 24(2).

Gyongyi Szabó Földesi, 1989, Public Opinion of Physical Activity in the Later Years of the Life Cycle, 24(2).

D. Stanley Eitzen, 1989, The Sociology of Amateur Sport: An Overview, 24(2).

Georg Anders, 1989, 1988 Symposium on "Sport and Economy" in Magglingen/Switzerland, 24(1).

Klaus Heinemaniv, K., 1989, The Situation of Sport Sociology in the Federal Republic of Germany, 24(1).

Henning Eichberg, H., 1989, Body Culture as Paradigm The Danish Sociology of Sport, 24(1).

Shona M. Thompson, 1989, Sport Sociology in New Zealand, 24(1).

Barbara Krawczyk and Zbigniew Krawczyk, 1989, Sociology of Sport in Poland, 24(1).

G. Tamásné Földesi, 1989, Past and Present State of Sport Sociology in Hungary, 24(1).

会員の研究業績

(報告者アルファベット順、下線報告者 2016年1月〜2017年12月)

Ⅰ．書籍

相原正道，2017，『多角化視点で学ぶオリンピック・パラリンピック』，晃洋書房.

相原正道，2017，「スポーツボランティアにおけるビジネス市場へのアプローチ」，『現代スポーツ評論 第37号』，創文企画，pp.66-73.

出町一郎，2017，「"劣った身体"の発見とその対応」・寒川恒夫編著『日本近代を創った身体』，大修館書店，pp.63-92.

笹生心太，2017，『ボウリングブームの社会学―〈スポーツ〉と〈レジャー〉の狭間で―』，青弓社.

亀井克之・杉本厚夫・西山哲郎（編），2017，『市民マラソンがスポーツ文化を変えた』，関西大学出版部.

Ⅱ．原著論文

桂 玲子，2017，「本学学生の体力の推移とスポーツを『する』・『見る』・『支える』志向について」，『北海道武蔵女子短期大学紀要』第49号，pp.29-66.

草山太郎，2017，「晴眼プレイヤーのブラインドサッカー経験」『追手門学院大学地域創造学部紀要』第2巻，pp.73-91.

西山哲郎，2017，「オリンピック・パラリンピック大会のレガシー」『セミナー年報』（28巻，関西大学経済・政治研究所），pp.51-60.

笹生心太，2017，「スポーツはなぜナショナリズムと結びつくのか―日本における先行研究の批判的検討―」，『東京女子体育大学・東京女子体育短期大学紀要』第52号，pp.91-101.

リー・トンプソン，2017，「史上もっとも成功したメディア・イベント―アメリカにおける2016年リオ五輪のテレビ放送―」『スポーツ社会学研究』，第25巻第1号，pp.21-33.

常行泰子，2017，「大学生の運動・スポーツ指導と運営に関する実践課題―アクティブ・ラーニングによる民間企業との連携協働に着目して―」，『高知大学教育実践研究』第31号，pp.185-192.

Ⅲ．翻訳

エリザベス・パイク（金子史弥・熊澤拓也訳），2017，「高齢化とスポーツ」『日本スポーツ社会学会会報』第69号，6-11，日本スポーツ社会学会.

Ⅳ．調査報告書・学会報告

Cho, Juzan, 2017, "A Study of the Organizations Unique to Sport and its Governance: Who is Sovereign in the Governance of Sport Organizations?", ISSA World Congress Sociology of Sport, National Taiwan Sport University, Taiwan.

Thompson, Lee, 2017, "Discourses of 'legacy' in Japanese press coverage of the Olympic Games," 2017 World Congress of Sociology of Sport, National Sport University, Taoyuan City, Taiwan, May 30- June 2.

Thompson, Lee, 2017, "The Role of the Media in the Development of Japanese Sumo," Keynote Speech, 4th International Conference on Sport Communication, Chengdu, China, July 12 – 14.

Tsuneyuki, Yasuko, 2017, "A study on teaching methods of the Nordic walking: Focusing on participation in sports and in sports tourism," The 6th Asian Forum for the Next Generation of the Social Sciences of Sport, Wakayama University (Wakayama, Japan).

常行泰子，2017，「健康づくりと運動指導：ダンスエクササイズ＆トレーニング」高知県女子体育連盟サマーセミナー，高知大学附属小学校.

Ⅴ．その他

青野桃子，2017，「ウォーキングをめぐる研究の状況―『フットパス』と『歩く権利』―」，『現代スポーツ研究』2号，pp.61-68.

川野佐江子，2016，「『男らしさ』と横綱柏戸の表象―柏戸の何が男性的なのか―」，『スポーツとジェンダー研究』（VOL.14），スポーツとジェンダー学会，pp.33-42.

川野佐江子，2017，「講演：「相撲美」とわたしたち―柏鵬を中心に，大阪樟蔭女子大学公開講座 図書館所蔵の貴重書を読む」，大阪樟蔭女子大学図書館.

中澤篤史・黒須朱莉・鈴木楓太・冨田幸祐・熊澤拓也・青野桃子，2016，「スポーツ研究の国際動向把握に向けた基礎的検討―社会科学系の国際学術誌6誌を対象に―」『一橋大学スポーツ研究』第35巻，pp.67-73.

運動部活動の教育学入門
歴史とのダイアローグ

神谷 拓〈著〉

なぜ運動部活動は学校にあるのか。学校で実施するとしたら、どのような教育目標や内容、指導方法が求められるのか。体罰・暴力、勝利至上主義などの問題はどうすれば克服できるのか。こうした問いに答え、学校教育の一環としての運動部活動を確立していくためには、歴史とのダイアローグ（対話）を通して、「運動部活動の教育学」を開拓していく必要がある。

【目次より】運動部活動の始まり／運動部活動の教育課程化と競技力向上の相克／必修クラブの制度化と運動部活動の地域移行をめぐる迷走／学校教育への復帰と評価の問題／運動部活動における道徳教育と管理の強化 …ほか全9章

●A5判・336頁
定価＝本体2,800円+税

部活動を学校で行う根拠とヴィジョンを提示する

大修館書店

ご注文は▶☎03-3868-2651（販売部） https://www.taishukan.co.jp

編集後記

　今年は平昌冬季オリンピック大会とFIFAロシアワールドカップ大会というメガ・スポーツ・イベントの開催年です。本稿は平昌オリンピックの熱気が冷めやらぬ閉会式翌日に執筆しています。ドーピングによるロシアオリンピック委員会（ROC）の五輪参加資格剥奪、南北朝鮮関連問題での五輪への政治介入など、長年の課題も改めてクローズアップされましたが、大会自体が無事に終了して何よりでした。

　平昌オリンピックの期間中、私はほぼドイツにいましたが、テレビの五輪に対しての中継は、羽生選手、小平選手、カーリング女子が大活躍した氷上競技中心の日本のそれとはかけ離れていて、滑降やクロスカントリースキー等の雪上競技に多くの時間を割いているようでした。国や地域によって関心のある競技がこれほど違うのだなと改めて実感しました。とはいえ、それぞれの活躍したアスリートの金メダル獲得等の偉業達成をめぐるナラティヴは、アイデンティティ、プライド、生き甲斐という側面から私たちに重要な意味をもたらしていることは万国共通でしょう。今回も羽生選手は「ソチ五輪での金メダル獲得という偉業達成→挫折→努力による克服→復帰／偉業再達成）」というギリシャ神話時代からの典型的な英雄ナラティヴを見事なまでに表現してくれました。同様に、小平選手をはじめとするスピードスケート女子やカーリング女子のメダル獲得でも、日本代表／日本人の活躍というナショナルなナラティヴをベースとしながら、友情、師弟愛、姉妹愛が散りばめられた中で、「目標を立てて努力することの大切さ」、「苦境でも常に笑顔でポジティヴに」等のメタ・ナラティヴに私たちは共感／感動したのではないでしょうか。私自身、今回も「たかがスポーツ（五輪）、されどスポーツ（五輪）」を実感しました。

　今号のサッカーW杯特集は、私たち一般市民にとっての意味だけでなく、選手サイドからの意味、韓国やフランス社会における意味にも迫っています。オリンピックやW杯という4年に一度のスポーツ・スペクタクルについて改めて考えていただけたなら幸いです。

　　　　　　　　　　　　　　　　　　　　　　　　　　編集委員長　橋本純一

スポーツ社会学研究
第 26 巻第 1 号（2018）

編集委員会

橋本　純一（編集委員長）

有元　健　　稲葉　佳奈子　　坂　なつこ　　杉本　厚夫　　高尾　将幸　　山下　高行
渡　正

専門委員

北村　薫　　中澤　篤史　　西山　哲郎　　岡田　桂　　高橋　豪仁　　高井　昌吏

発行日	2018 年 3 月 30 日
編集兼発行者	日本スポーツ社会学会（会長　リー・トンプソン）
事務局	〒168-8555　東京都杉並区永福 1 － 9 － 1 明治大学政治経済学部　　高峰研究室内 事務局長：高峰　修 TEL：03-5300-1740 E-mail: jsssjimukyoku@gmail.com　　公式サイト URL: http://www.jsss.jp/
発売所	有限会社 創文企画 〒101-0061　東京都千代田区神田三崎町 3 － 10 － 16　田島ビル 2F TEL：03-6261-2855　　FAX：03-6261-2856 http://www.soubun-kikaku.co.jp 郵便振替　00190 － 4 － 412700
印刷所	壮光舎印刷株式会社
表紙デザイン	横山みさと（two-three）

Japan Journal of Sport Sociology
Vol.26-1, March 2018
The semiannual publication of the Japan Society of Sport Sociology

Board of Editors

HASHIMOTO Junichi (Editor-in-Chief)

ARIMOTO Takeshi, INABA Kanako, SAKA Natsuko, SUGIMOTO Atsuo,

TAKAO Masayuki, YAMASHITA Takayuki, WATARI Tadashi

Referees

KITAMURA Kaoru, NAKAZAWA Atsushi, NISHIYAMA Tetsuo,

OKADA Kei, TAKAHASHI Hidesato, TAKAI Masashi

ERRATA
In volume 25-2, on the copyright page (p. 112), the president's name was erroneously given as "LEE, Thompson". The correct form is "Lee THOMPSON". Likewise, the referees' names written as "YOSHIDA Tsuyoshi" and "TAKAHASHI Gojin" on the same page should have been written as "YOSHIDA Takeshi" and "TAKAHASHI Hidesato". We apologize for any inconvenience.

Japan Society of Sport Sociology

President: Lee THOMPSON

Head Office: Meiji University

Graduate School of Political Science and Economics

1-9-1 Eifuku, Suginami-ku, Tokyo, Japan,168-8555
Phone:+81-03-5300-1740
e-mail: jsssjimukyoku@gmail.com   http://www.jsss.jp/

The publication is distributed through:

Sobun Kikaku, Ltd.

2F, tajima Bldg., 3-10-16 kandamisakicho, Chiyoda-ku, Tokyo, Japan 101-0061
Phone: 03-6261-2855   Fax: 03-6261-2856
http://www.soubun-kikaku.co.jp

Inquiries concerning the Japan Society of Sport Sociology should be sent to the head office.
Inquiries concerning purchase of or subscription to the Journal should be sent to Sobun Kikaku.